Sonja Lucas

Zu Gast im Denkmal

Historische Bauwerke bitten zu Tisch

MONUMENTE
Publikationen

Sonja Lucas

Zu Gast im Denkmal

Historische Bauwerke bitten zu Tisch

MONUMENTE
Publikationen

Einleitung

Reiseziele & Rezepte

Klöster

Burgen, Schlösser & Palais

Gast- und Bürgerhäuser

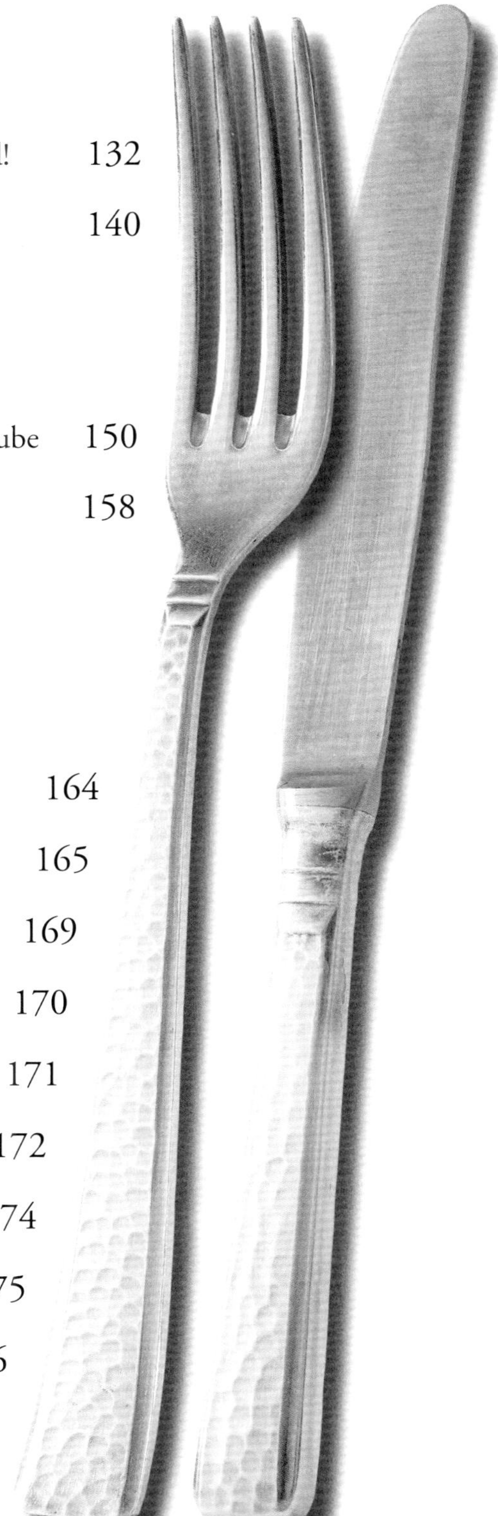

An und auf dem Wasser

Technik & Industrie

Anhang

Vorwort

Wer historische Städte und Bauwerke besichtigt, hegt meist auch den Wunsch, in geschichtsträchtiger Atmosphäre zu speisen. Wie sagte schon Goethe: *„Aber kein Genuss ist vorübergehend, denn der Eindruck, den er hinterlässt, ist bleibend."*

Die Deutsche Stiftung Denkmalschutz hat mit ihrer Förderung vielerorts dabei geholfen, dass in historische Bauten wieder neues Leben einzieht, manche auch mit Gastronomie. Bei der Vergabe von Fördermitteln legen wir großen Wert auf ein tragfähiges Nutzungskonzept. Umso mehr freuen wir uns, wenn in von uns unterstützten Bauwerken gastronomische Perlen gedeihen, und was liegt da näher, als diese Freude mit Ihnen zu teilen.

Deutschlandweit hat die Kunsthistorikerin Sonja Lucas 16 Denkmale und Denkmalensembles mit Restaurants im historischen Ambiente ausfindig gemacht, sie bereist und in diesem Buch porträtiert. Dabei geht es quer durch alle Denkmalgattungen, von Klöstern und Schlössern über Gast- und Bürgerhäuser bis hin zur Industriekathedrale Völklinger Hütte. Sogar ein historisches Stadtbad in Berlin ist vertreten, dessen Restaurant im Hotel Oderberger erst kürzlich seine Pforten geöffnet hat.

Ganz besonders freue ich mich, dass die jeweiligen Köche für das Buch regional und historisch inspirierte Rezepte für Sie beigesteuert haben. Tischt man ihre Kreationen im Kreise von Familie oder Freunden auf, sorgt man zugleich für anregenden Gesprächsstoff über Denkmal- und Geschmackskultur, historische Persönlichkeiten und mehr. Oder man geht selbst auf die Reise und is(s)t zu Gast im Denkmal.

Wir wünschen Ihnen viel Vergnügen bei der Lektüre und beim Nachkochen.

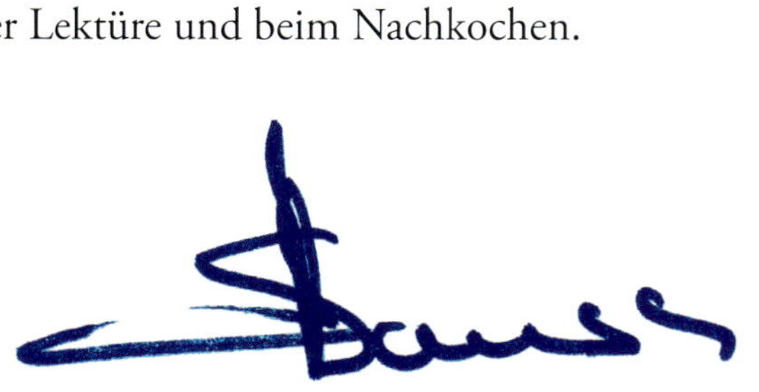

Stephan Hansen
Vorstand Deutsche Stiftung Denkmalschutz

Denkmale - Orte des Genusses im Wandel

Orte des kulinarischen Genusses sind mittlerweile in allen Denkmalgattungen zu finden. Umgekehrt werden historische Wirtshäuser und Gasthöfe mit Beherbergung heute nur noch selten als solche genutzt – sofern sie sich überhaupt erhalten haben.

Eines dieser seltenen Traditionshäuser, die mit Hilfe der Deutschen Stiftung Denkmalschutz saniert wurden, ist der erst 2017 wiedereröffnete Gasthof Alte Vogtei im mittelfränkischen Wolframs-Eschenbach (oben links). Er ging Ende des 18. Jahrhunderts aus einem Amtssitz des Deutschen Ordens von 1610 hervor und ist mit seinem Fachwerkobergeschoss ortsbildprägend.

Ebenso förderte die Stiftung 2013–15 die Sanierung des Alten Hauses (oben Mitte) im mittelrheinischen Bacharach. Es handelt sich um eines der ältesten Fachwerkhäuser Deutschlands und konnte im Kern jüngst auf das Jahr 1392 datiert werden. In einer der drei Gaststuben findet man eine Gedenkecke für Robert Stolz, der das Gasthaus in der Operette „Wenn die kleinen Veilchen blühen" unsterblich gemacht hat.

Noch älter ist das 2012/13 von der Stiftung geförderte historische Gasthaus Zum Weinberg (oben rechts) in Wismar, dessen Dachstuhl bereits von 1355 datiert. Das heutige Restaurant Steaks & More zum Weinberg hat den Charme des typisch hanseatischen Kaufmannshauses bewahrt. Der Name, die bemalte Holzbalkendecke, die Kronleuchter und Gemälde rühren aus der Zeit von 1648 bis 1954, als sich hier die beste Weinhandlung und -schänke der Hansestadt befand. Ein kleines Museum widmet sich der Geschichte des Hauses.

Ein kulturhistorisches Kleinod ist auch die Felsenkelleranlage Unterhaid bei Bamberg, deren 29 Keller im 18. Jahrhundert in den Hang getrieben wurden. Sie dienten vor allem zur kühlen Lagerung von Bier, das man frisch vom Fass ausschenkte; „auf den Kellern" traf man sich zum Trinken, Tanzen und Kegeln. Seit ihrer Wiederherstellung und der Sanierung des Tütschengereuther Kopfsteinpflasters – mit Hilfe der Stiftung – gibt es hier wieder einen lauschigen Biergarten.

200 Kilometer östlich davon ist im 1910/11 erbauten Gasthof Russenbräu (siehe S. 8 oben Mitte, rechts) im oberpfälzischen Tiefenbach im Landkreis Cham die Welt noch in Ordnung oder, besser gesagt, wieder: Dank der GlücksSpirale konnte die Stiftung im Jahr 2016 die Restaurierung der Fenster und der Dachgauben der angegliederten Brauerei unterstützen. So viele originale Strukturen und Ausstattungselemente, wie Putzdecken, Möbel und Kachelöfen, sind selten. Der Name „Russenbräu" kommt von der einstigen Bäckerei am selben Standort und ihrem wohl rußigen Brot. Der Bau im Heimatschutzstil erinnert an Barockschlösser der Region – abgesehen vom Brauereikamin, auf dem heute Störche nisten.

Ähnlich abgeschieden stehen am Waldrand von Bad Harzburg bei Goslar zwei märchenhafte Gebäude von 1922/23, das Café Winuwuk (unten links) und die Kunstausstellung Sonnenhof, beide Förderprojekte der Stiftung. Zunächst hatte das Künstlerehepaar Degener lediglich das Ausstellungsgebäude geplant, aber da die „Elfenecke" nur zu Fuß erreichbar war, kam bald das urige Ausflugslokal mit seinen schiefen Wänden und Balken hinzu. Der Baukünstler Bernhard Hoetger ließ sich hierzu von den ziegelverblendeten Häusern des Ortes und den Dachformen der Worpsweder Moorkaten inspirieren (siehe auch S. 124–131).

Unter den Förderprojekten befinden sich auch historische Gasthöfe und -häuser, die man heute anderweitig nutzen muss, will man sie als Denkmal bewahren. Häufig dienen sie inzwischen Wohnzwecken, beispielsweise die einstige Gaststätte am Ortseingang von Berlin-Alt Kaulsdorf, oder sind als solche vorgesehen, wie der einstige Burghof (unten Mitte) am Drachenfels in Königswinter bei Bonn, der 1904 als Hotel im Schweizer Landhausstil errichtet wurde. Auch für Büroräume eignen sich historische Gasthöfe, wie etwa der ehemalige „Hirschen" in Frickingen-Altheim im Bodenseekreis.
Neue Möglichkeiten ergeben sich ferner durch die Umnutzung historischer Gastwirtschaften zu Museen und Eventlocations. Der bis 1990 betriebene historische Gasthof Zum Eichenkranz (unten rechts) in Wörlitz in Sachsen-Anhalt – einst Gästehaus des Fürsten Franz I. für die Besucher seines Garteinreichs – erstrahlt seit der umfassenden Sanierung im neuen Glanz. Neuerdings steht der frühklassizistische Bau von 1787 für Feste, Veranstaltungen und Führungen zur Verfügung. Die Instandsetzung des Sonnensaals erfolgte 2016 auch mit Hilfe der Deutschen Stiftung Denkmalschutz, die bereits 2006–11 für die Restaurierung des frühklassizistischen Gebäudes Mittel zur Verfügung gestellt hatte.
Wie gut, dass Generalfeldmarschall Blücher (1742–1819) vor der Rheinüberquerung der deutschen Truppen 1813 sein Hauptquartier im Gasthaus Stadt Mannheim (Seite 9 oben links, Mitte) in Kaub aufschlug!

Da man ihm zu Ehren 1913 darin ein Museum einrichtete, blieben das Barockpalais, Pferdeställe und Speicher erfreulicherweise erhalten. Der Hotelbetrieb war damals längst eingestellt, weil nach Aufhebung des Rheinzolls 1876 die Schiffer als Übernachtungsgäste ausgeblieben waren. Damit das Blüchermuseum Kaub weiterhin sein Andenken bewahren kann, unterstützte die Deutsche Stiftung Denkmalschutz die Dachsanierung und die Restaurierung der historischen Tapeten.
Nicht in ein Museum, sondern in die Königsburg geht man im Viersener Stadtteil Süchteln am Niederrhein, besser gesagt in den Jugendstil-Saalbau (oben rechts) im Hof der früheren Gaststätte. Das Ziel des neuen Eigentümers, des Vereins Königsburg 2.0 e. V., ist es, diesen auch akustisch wunderbaren „lost place" für ein größeres Publikum erlebbar zu machen, etwa durch Kino, Theater, Live-Musik und mehr, während zugleich die Fortschritte der Sanierung sichtbar werden. Dabei erhält der Verein seit 2016 mit Hilfe der GlücksSpirale Förderung durch die Stiftung.

Nicht nur historische Gasthäuser unterliegen dem Wandel, sondern auch Denkmale, die aufgrund ihrer einzigartigen Atmosphäre heute für Gastronomie umgenutzt werden: Klöster, Schlösser, Guts- und Bauernhäuser, Mühlen, Schulen, Brauereien oder sogar Gefängnisse und Bahnhöfe, wie der Worpsweder Bahnhof (unten links). In Heinrich Vogelers Jugendstilbau von 1910 gab es zwar schon immer einen Gastbetrieb, jedoch werden heutzutage auch die anderen Bereiche des Gesamtkunstwerks als Restaurant genutzt, wie die Schalterhalle und die Wartesäle.
Ein weiterer spannender Genussort und gleichfalls Stiftungsförderprojekt ist der Lieger Caesar (unten Mitte, rechts) von 1902, einer der letzten seiner Art in Hamburg. Aus einer schwimmenden Werkstatt wurde erst 2016 eine beliebte „Andockstation" für eine gepflegte Brotzeit mit Sonnendeck und Blick auf die Elbphilharmonie.

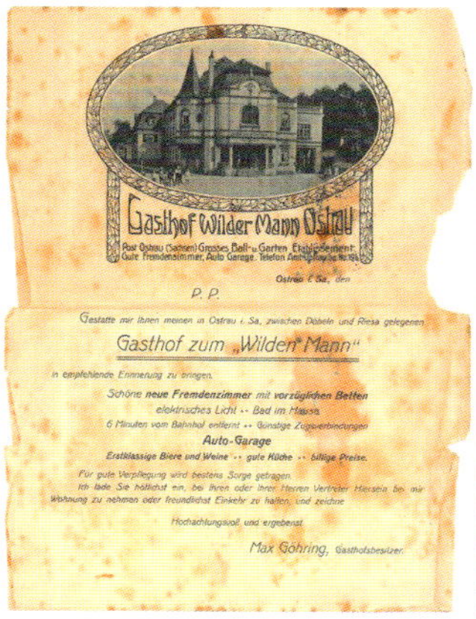
Gasthof Wilder Mann Ostrau

Post Ostrau (Sachsen) Grosses Ball- u. Garten Etablissement. Gute Fremdenzimmer, Auto Garage.

Ostrau i. Sa., den

P. P.

Gestatte mir Ihnen meinen in Ostrau i. Sa., zwischen Döbeln und Riesa gelegenen

Gasthof zum „Wilden Mann“

in empfehlende Erinnerung zu bringen.

Schöne **neue Fremdenzimmer** mit **vorzüglichen Betten**

elektrisches Licht -- Bad im Hause

6 Minuten vom Bahnhof entfernt -- Günstige Zugverbindungen

Auto-Garage

Erstklassige Biere und Weine -- gute Küche -- billige Preise.

Für gute Verpflegung wird bestens Sorge getragen.

Ich lade Sie höflichst ein, bei Ihren oder Ihrer Herren Vertreter Hiersein bei mir Wohnung zu nehmen oder freundlichst Einkehr zu halten, und zeichne

Hochachtungsvoll und ergebenst

Max Göhring, Gasthofsbesitzer.

Schon jetzt dürfen wir einen Blick in die Zukunft zweier historischer Gasthöfe werfen, die derzeit mit viel Aufwand und Eigenleistung saniert werden: das Ehemalige Gasthaus Zum Engel (oben links) im pfälzischen Hambach, einem Ortsteil von Neustadt/Weinstraße am Fuße des Hambacher Schlosses, sowie der Gasthof Zum Wilden Mann (oben rechts) im sächsischen Ostrau bei Meißen. Beide sind identifikationsstiftende Denkmale, ohne die den jeweiligen Orten ein Stück Heimat fehlen würde.

In Hambach ging aus einer Pilgerherberge am Jakobsweg 1610–14 die „Gemeindeherberg zum Engel“ hervor, weitere Gebäude folgten. Das stattliche Fachwerkensemble zu sanieren und wiederzubeleben, hat sich seit 2011 die Familie Mohr-Gutting zur Aufgabe gemacht, die im Ortsteil Duttweiler ein Bio-Weingut betreibt. Dank der Anschubfinanzierung der Deutschen Stiftung Denkmalschutz 2010 konnte das Haupthaus saniert werden; und 2013 förderte sie die für die Dachsanierung nötigen Zimmererarbeiten. Ab 2019 sollen im „Engel“ wieder Gäste übernachten und mit Wein aus dem familieneigenen Bio-Weingut und mit Speisen aus biologischer Landwirtschaft bewirtet werden.

Auf eine lange Tradition blicken auch der Ostrauer Gasthof Zum Wilden Mann und der gegenüberliegende Vierseithof zurück, der bereits 1538 Brauschenkengut war. Der Gasthof entstand um 1850, damals noch in klassizistischen Formen. Doch die Belle Epoque verlangte nach mehr Repräsentation dieses „Grossen Ball- und Garten Etablissements“ (oben Mitte). Fernab der Elbmetropole findet man am Wilden Mann Elemente des Dresdner Zwingerbarock: Säulen, Hermenpilaster, Balustraden und Voluten. Auch der Festsaal im Obergeschoss gelangte zu neobarocker Pracht. Nach Jahrzehnten des unsensiblen Umgangs mit der Bausubstanz erwarb 2014 der Verein Kulturdenkmal Gasthof Wilder Mann e. V. das ortsbildprägende Gebäude und verhinderte den Abriss. Das Ziel, dass man hier bald wieder tafeln und feiern kann, rückt mittlerweile in greifbare Nähe. 2016 unterstützte die Deutsche Stiftung Denkmalschutz die ersten Maßnahmen zur Wiederherstellung des Saals; und 2017 konnte sie mit Mitteln der GlücksSpirale zur Restaurierung seines Fußbodens beitragen.

Möge es noch viele solcher Erfolgsgeschichten geben, die davon erzählen, dass Denkmale nach Leerstand und anderweitiger Nutzung wieder oder erstmals zu Orten der Gastlichkeit werden.

Hinweise zu den Rezepten

18 Küchenchefinnen und Küchenchefs haben sich bei unserer Rezeptauswahl über die Schulter blicken lassen. Das Nachkochen erfordert unterschiedlich viel Aufwand (Einkauf z. T. mit Vorbestellung, ggf. Marinieren, Zubereiten). Die Zutaten sind einheitlich für vier Personen ausgelegt.

Küchenlatein

Dressieren (frz. *dresser* – richten) gefälliges Formgeben pastöser Massen mit einem Spritzbeutel
Espumasprayer (iSi-Flasche) Sahnebereiter; Aluminiumflasche mit Distickstoffmonoxid-Kapseln, der dazu dient, flüssigen Lebensmitteln eine luftig-schaumige Textur zu verleihen.
Farce (frz. *farce* – Füllung) Masse aus feingemixtem Fleisch, Fisch oder Gemüse, die mit Ei oder Sahne gebunden wird.
Ganache Kuvertüre-Sahne-Mischung zum Füllen und Überziehen von Süßwaren; ihr Name soll auf das Missgeschick eines Konditorlehrlings in der Pariser Patisserie Siraudin um das Jahr 1850 zurückgehen, den der Meister zunächst zu Unrecht als *ganache*, „Trottel", beschimpfte.
Karkasse (frz. *carcasse* – Gerippe) das nach dem Tranchieren übriggebliebene Knochengerüst mit Fleisch- und Hautresten von Geflügel, Kalb und Lamm oder die ausgenommenen Krustentierpanzer
Kuttern (engl. *cut* – schneiden) Zerkleinern von Fleisch mit einem Kutter
Mousseline Sauce mousseline, Schaumsauce; eine durch Zugabe von Schlagsahne verfeinerte Variante der Sauce Hollandaise
Nappieren (frz. *nappe* – Tischtuch) Überziehen mit Sauce, z. B. Béchamel, kurz vor dem Servieren
Rub (engl. *rub* – reiben) trockene Würzmischung aus gemörserten Gewürzen, Kräutern etc., mit der man Fleisch vor dem Braten bestreut und einreibt.

Außergewöhnliche Zutaten

Albatrüffel Weiße Trüffel; hocharomatische Echte Trüffel aus Südeuropa, eines der teuersten Lebensmittel; benannt nach der Stadt Alba im Piemont
Agar Agar (indonesisch/malaiisch), vegetarische Gelatine-Alternative aus Meeresalgen
Gold- und Silberflocken in Streuern erhältlich und zum Verzehr geeignet; auch für Getränke
Kaffir-Limettenblätter hocharomatische Blätter einer Zitruspflanze aus Südostasien
Läuterzucker Zuckersirup, hergestellt durch Aufkochen von Zucker und Wasser; früher klärte man den Sirup mit Eiweiß, daher „läutern" (reinigen).
Limandes (Echte Rotzunge, Microstomus kitt) hochwertiger Plattfisch ähnlich der Seezunge aus dem Nord-Ost-Atlantik; nicht zu verwechseln mit der Kliesche (Limanda limanda)
Madagaskarpfeffer Bourbon-Pfeffer; an bis zu 20 Meter hohen Lianen auf Madagaskar wildwachsende Pfefferbeeren, waldiges Aroma mit blumiger Zitrusnote
Mettenden nord- und mitteldeutscher Begriff für geräucherte Mettwürstchen oder Rohpolnische; „Enden" bezeichnet das Füllmaterial: Fettende, ein Teil des Mastdarms von Schlachttieren
Papadam dünnes indisches Fladenbrot aus Linsen-/Kirchererbsenmehl
Perlhuhn eine aus Afrika stammende Familie der Hühnervögel; Guinea-Helmperlhuhn: in der Antike domestiziert, gelangte im 15. Jahrhundert nach Norddeuropa; im 2. Wartburg-Rezept ersetzt es „Berghähne"/"Wildhähne (Steinhähne).
Verbene Zitronen-Verbene; aus Südamerika stammendes Eisenkrautgewächs
Zitronen-Bergpfeffer (Sansho Pfeffer, Japanischer Bergpfeffer) japanischer Verwandter des Szechuanpfeffers mit komplexen Zitrusaromen; besonders empfehlenswert zu fettem Fisch.

Kloster Graefenthal

Ora et labora am Niederrhein

Durch seine relativ abgeschiedene Lage verkörpert das ehemalige Zisterzienserinnenkloster Graefenthal (sprich: Grafenthal) bei Goch noch heute die Ordensprinzipien der Einsamkeit und Stille. Hinter der fast 1000 Meter langen Klostermauer haben sich viele Gebäude aus der Klosterzeit erhalten, die aus dem 13.–16. und 18. Jahrhundert stammen: Klausur, Brau- und Backhaus, Wirtschaftsgebäude, Garten- und Taubenhaus. Doch wo ist die Kirche? Diese riss man 1808 nach der Säkularisation ab, als das Kloster einer landwirtschaftlichen Nutzung zugeführt worden war, und verwendete Steine und Fundamente für den Kirchenbau in Pfalzdorf. An die einstige Abteikirche erinnert nur noch das Hochgrab Graf Ottos II. von Geldern (1215–71), der das Kloster um 1248 zur Versorgung von Mädchen des höheren Adels und als Grablege seines Hauses gegründet hatte.

Die Faszination, die von der schlichten gotischen Zisterzienserarchitektur ausgeht, spürt man besonders im einzig erhaltenen Kreuzgangflügel. Die Gewölbekonsolen sind mit Blattwerk gestaltet – mit einer Ausnahme: Den Eingang zur Klausur ziert die Halbfigur einer Nonne auf einer Gewölbekonsole.
In die Rolle einer Zisterzienserin schlüpft heute gelegentlich Walburga Schneider zu ihrer Themenführung „Im Tal der Grafen“ mit Klostermahl (Rezepte siehe S. 19–23).
Vereinzelte Hinweise auf das leibliche Wohl der einstigen Nonnen enthalten die 656 Urkunden, die der Förderverein Kloster Graefenthal e. V. 2006–12 digitalisiert und erarbeitet hat. Prinzipiell war per Ordensregel der Verzehr von Fleisch vierfüßiger Tiere verboten. Doch 1395 erwirkten die Nonnen direkt bei Papst Bonifatius IX. in Rom das Privileg, außerhalb der Klostermauern solches Fleisch essen zu dürfen, wenn sie zur Wahrung von Geschäftsinteressen des Klosters die Klausur verließen und dann auch Angehörige trafen. Auf den Verzehr zweifüßiger Tiere lassen ein Hühnerhaus und ein barockes Taubenhaus schließen. In der Regel gab es jedoch zwei vegetarische Mahlzeiten am Tag, mittags und abends, bestehend aus Brei, Obst, Gemüse und Schwarzbrot sowie etwas Bier und Wein. Davon ausgenommen waren Kranke und körperlich schwe-

Herzlich
willkommen
im
Klostercafé

rer arbeitende Laien – die Ordensschwestern selbst verrichteten nur Hand-, Haus- und Gartenarbeiten. Zu bestimmten Anlässen erhielten sie grünen Fisch (gesalzen, aber frisch), Weißbrot, Eier und Käse. Im 16. Jahrhundert ist hingegen der Verbrauch von 4 Pfund Zucker, 54 Pfund Feigen, 43 Pfund Rosinen etc. vor der Fastenzeit vermerkt. Allerdings gab es 46 Fastentage. Weitere Archivalien berichten über das Bierbrauen oder klostereigene Weinberge bei Goch und am Mittelrhein.

Heute kann man das Kloster besichtigen und sich im Klostercafé stärken, etwa bei nach alter Rezeptur gebrautem Klosterbier und Klosterkäse oder bei himmlischem Dattelkuchen. Kreuzgang, Kaminzimmer, Dachgeschoss und Park stehen für Feste und Partys zur Verfügung, und seit 2013 kann man hier standesamtlich heiraten. Stimmungsvoll geht es auch bei Konzerten, dem Weinfest oder dem Oster-, Mittelalter- und Weihnachtsmarkt zu. Die Voraussetzung für all diese Nutzungsmöglichkeiten schuf die jüngste Sanierung, bei der die Deutsche Stiftung Denkmalschutz Mauerwerks-, Fundament- und Dacharbeiten unterstützte.

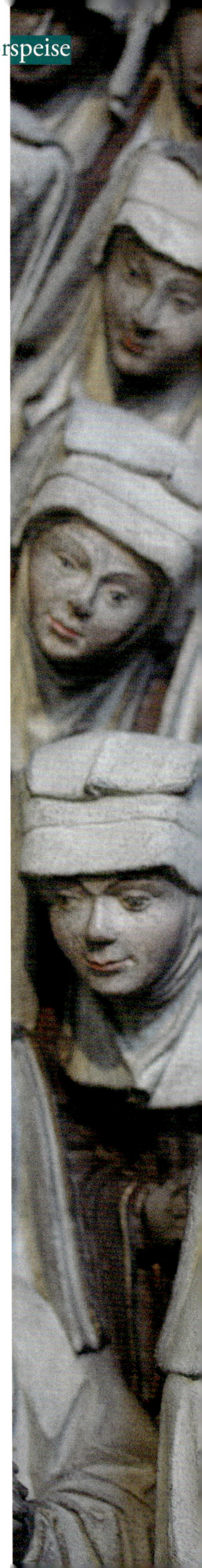

Bierbrot

Zutaten für 1 Laib Brot / 500 g

500 g Vollkornmehl
1 Päckchen Bierhefe
oder ½ Würfel Frischhefe
1 TL Salz
1 TL Honig
1 kl. Flasche dunkles Bier

Den Backofen auf 180 °C vorheizen.

In einer Rührschüssel zunächst das Mehl mit Hefe und Salz vermischen. Nach und nach Bier und Honig zufügen, dabei immer gut rühren.
Bei Frischhefe: Hefe in eine Tasse bröckeln, Bier und Honig dazugeben, die Tasse mit lauwarmem Wasser bedecken und in eine mit warmem Wasser gefüllte Schüssel stellen und abdecken. 2 Stunden an einem warmen Ort ruhen lassen. Anschließend den Teig 10 Minuten von Hand gut kneten. Aus dem Teig einen Brotlaib formen und mit Mehl bestäuben.
Brot im vorgeheizten Ofen ca. 45 Minuten backen. Das gebackene Brot aus dem Ofen nehmen und auf einem Gitter abkühlen lassen. Dadurch verdampft die Feuchtigkeit und das Brot bekommt eine knusprige Kruste.

Kräuterquark

500 g Magerquark
200 g cremiger Naturjoghurt
100 g Schmand
2 Bund Gartenkräuter
1 Zwiebel
2 Knoblauchzehen
Paprikapulver rosenscharf
Salz
Pfeffer aus der Mühle

Quark, Joghurt und Schmand in eine große Rührschüssel geben und gut miteinander verrühren. Zwiebel fein würfeln, Knoblauch pressen und Kräuter fein hacken. Alles zur Quarkmischung geben und gut durchrühren. Mit Paprikapulver, Salz und Pfeffer abschmecken.

Den Quark vor dem Servieren im Kühlschrank mindestens 1 Stunde ziehen lassen. Danach noch einmal verrühren und abschmecken.

Kräuteromelette mit Feldthymian

1 Bund Petersilie
1 Bund Gartenkräuter
einige Zweige Feldthymian
8 Eier
1 EL Olivenöl
Salz
Pfeffer aus der Mühle

Die Kräuter waschen, trocknen und fein hacken. Einige wenige Kräuter zur Dekoration zurückbehalten. Die Eier aufschlagen und in eine Rührschüssel geben, salzen, pfeffern und mit einer Gabel oder einem Schneebesen gut verquirlen. Dann die gehackten Kräuter hinzufügen und gründlich verrühren.
Durch längeres Rühren vor dem Ausbacken wird der Geschmack intensiver.

Olivenöl in einer Pfanne erhitzen. Die Eimischung hinzugeben und kurz umrühren. 2 bis 3 Minuten stocken lassen. Das Omelette zur Mitte einschlagen und auf einem passenden Teller servieren. Mit den restlichen Kräutern garnieren und heiß servieren.

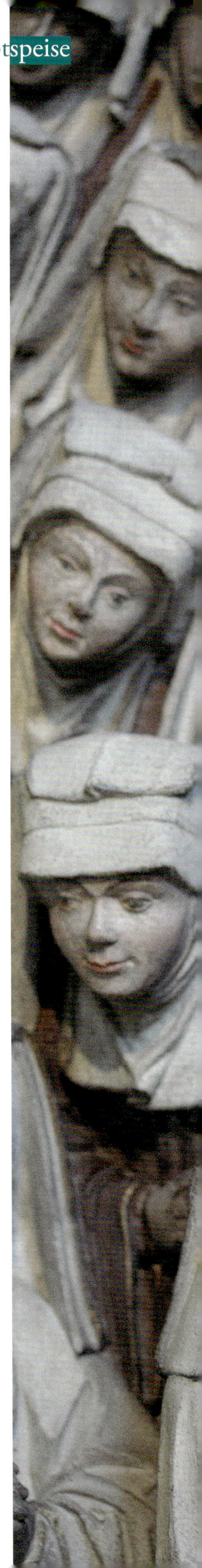

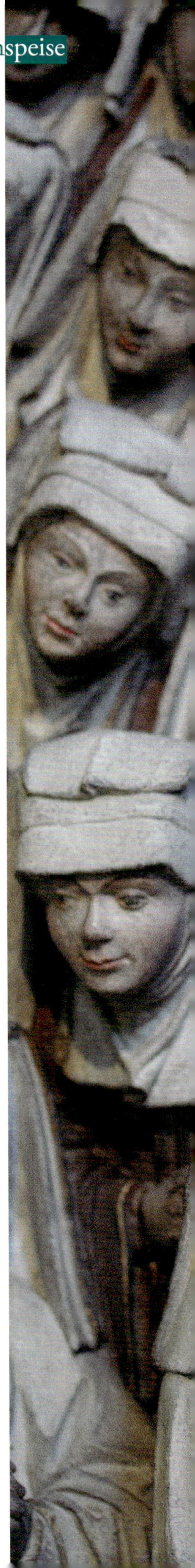

Nonnenseufzer

125 ml Milch
3 EL Butter
1 Prise Salz
1 TL Zucker
50 g Mehl, gesiebt
2 Eier
Fett zum Ausbacken
Puderzucker

Milch mit Butter, Salz und Zucker in einem Topf aufkochen. Sofort das gesiebte Mehl dazugeben und mit einem Holzlöffel kräftig rühren, bis sich der Teig vom Topfboden löst.

Vom Herd nehmen und nach und nach die Eier unterrühren. Mit zwei nassen Esslöffeln Klößchen abstechen und in heißem Fett ausbacken. Mit Puderzucker bestreuen und heiß servieren.

Wie die vorigen klösterlichen Speisen sind die Nonnenseufzer Rezepten des Buchs Rezepte und Geheimnisse aus der Klosterküche *von Lawrence und Gilles Laurendon, Aarau 2013, nachempfunden. Ob dieses Schmalzgebäck aus Frankreich oder Süddeutschland stammt, lässt sich nicht mehr feststellen. In beiden Sprachen ist es in der verballhornenden Bezeichnung „Nonnenfürzchen“ –* pets de nonne *geläufig. Von „nunnenfürtzli“ ist bereits in einem Urkundenbuch des österreichischen Stifts Klosterneuburg aus dem 14. Jahrhundert die Rede. Ob der Name von dem Zischgeräusch herrührt, das der frische Teig beim Einlegen ins heiße Fett macht oder vom Entweichen von Luft beim Hineinbeißen oder ob eine andere Erklärung zugrunde liegt, bleibt ein kulinarisches Rätsel.*

Kloster Oberschönenfeld

Zu Gast in Deutschlands ältestem Zisterzienserinnenkloster

Eingebettet in den Naturpark „Augsburg – Westliche Wälder“ kann man Kloster Oberschönenfeld bei Gessertshausen im Schwarzachtal, 20 Kilometer südwestlich der Fuggerstadt, als Zisterzienserkloster wie aus dem Lehrbuch bezeichnen. Bis heute ist die Umgebung mit Wäldern, Feldern, Wiesen und Fischteichen als typisch zisterziensische Kulturlandschaft erkennbar und im klösterlichen Besitz. Seit 1211, seit über 800 Jahren, lebt hier eine Frauengemeinschaft, die sich früh den Zisterziensern anschloss, womit Oberschönenfeld das älteste der acht aktiven Zisterzienserinnenklöster Deutschlands ist.

Der fast vollständig erhaltene Baubestand des Klosters aus den Jahren 1718–70 beeindruckt durch barocke Geschlossenheit. Anstelle des zisterziensisch-bescheidenen Dachreiters bekrönt ein Turm mit Zwiebelkuppel die Abteikirche (1718–29). Von Süden hat man den schönsten Blick auf die Kirche und das stattliche Konventsgebäude, entworfen von dem Vorarlberger Baumeister Franz II. Beer von Bleichten (1660–1726).
2006 stellte sich heraus, dass die Dächer der Vierflügelanlage und der Kirche – Meisterwerke barocker Zimmermannskunst – gefährdet waren: Im Traufbereich war der Konvent massiv geschädigt, und das Kirchendach war undicht. Mittlerweile sind die Sanierungsarbeiten beendet, und die 18 Nonnen haben wieder ein sicheres Dach über dem Kopf – auch dank der Beteiligung der Deutschen Stiftung Denkmalschutz.

Ein klösterliches Dach auf Zeit bietet der Konvent auch Einzelgästen, Familien und Gruppen. Dass Gastfreundschaft zum zisterziensischen Selbstverständnis gehört, erlebt man bei der fröhlichen Atmosphäre im Gästespeisesaal mit selbstgebackenem Kuchen oder im Gespräch mit der Äbtissin Mutter Gertrud und ihren Mitschwestern, die neben der Gästebetreuung außerhalb der Messe mit Haus- und Gartenarbeit, Paramentenstickerei, Brotbacken oder im Verkauf beschäftigt sind.
Tagesausflügler werden nicht nur vom reich dekorierten Kirchenraum, sondern auch von den vielfältig genutzten Nebengebäuden der Abtei überrascht: In den früheren Ochsen- und Rossstall bzw. Schafstall sind das Schwäbische Volkskundemuseum und das Besucherzentrum eingezogen, und in den Bräumeisterstadel (1743) die Schwäbische Galerie.

Klosterstüble

Den ehemaligen Rinderstall teilen sich das Naturpark-Haus, das Walderlebniszentrum und – immer der Nase nach – die Klosterbäckerei. Zu entdecken sind außerdem das strohgedeckte Staudenhaus und der Abenteuerspielplatz am Bach.

Für das leibliche Wohl auf bayerisch-schwäbische Art sorgt das Klosterstüble im einstigen Tor- und Gästehaus von 1735. Von Kastanien beschirmt lässt es sich im Biergarten trefflich über Gott und die Welt philosophieren. Gegenüber im einstigen Bräu- und heutigen Gästehaus von 1758, betreiben die Nonnen ihren Klosterladen, in dem man neben Besinnlichem auch den mit eigenen Kräutern gebrauten Kräuterlikör „Vom schönen Feld" erstehen kann. Und das Oberschönenfelder Holzofenbrot schmeckt auch deswegen so gut, weil es mit göttlicher Liebe und menschlicher Geduld gebacken ist.

Oberschönenfelder Klosterbrotsuppe

½ Pfund Holzofenbrot aus Natursauerteig
50 g Speck
4 EL Sauerrahm-Butter
4 Schalotten
1 Knoblauchzehe
1 Prise gemahlener Kümmel
Muskatnuss, frisch gerieben
1,5 l Rinderbrühe
½ TL Majoran
4 EL Schnittlauch

Ein halbes Pfund Brot in 5 Millimeter große Würfel schneiden. In der Pfanne den fein gewürfelten Speck bei mittlerer Hitze auslassen. Ins Fett einen Esslöffel Butter geben, darin die Brotwürfel leicht anrösten und beiseitestellen. Mit drei Esslöffeln Butter in der Pfanne die in feine Würfel geschnittenen Schalotten bräunen. Schalotten haben ein feineres Aroma als Zwiebeln. Wichtig ist Schneiden, nicht Hacken, sonst werden sie bitter. Auch eine Knoblauchzehe schneiden und mit dem Messer zerdrücken.
Den Knoblauch zu den braun gebratenen Schalotten geben, mit einer Prise gemahlenem Kümmel und etwas frisch geriebener Muskatnuss würzen. Kurz dünsten. Zeitgleich eineinhalb Liter Rinderbrühe mit einem halben Teelöffel Majoran aufkochen.

Erst am Tisch die heiße Brühe über die Brotwürfel mit der Schalottenmischung und etwas Schnittlauch geben.

Zum einen ist das Klosterbrot Sinnbild für Jesus als das wahre Brot des Lebens, zum anderen dient der seit 1932 bestehende Brotverkauf als wichtiges Standbein für das Kloster Oberschönenfeld, da es keine finanzielle Unterstützung aus der Kirchensteuer oder vom Bistum erhält. Schwester Maria Gratia backt das Holzofenbrot in traditioneller Fertigungsweise aus reinem, selbst angesetztem Natursauerteig ohne Zusätze, nur mit Roggenmehl, Wasser, Salz und Hefe nach geheimer Rezeptur. Das Befeuern und Säubern der beiden Holzöfen – übrigens mit Holz aus der klösterlichen Forstwirtschaft – ist hingegen Männersache.

Oberschönenfelder Klosterforelle

4 fangfrische Forellen
ausgenommen, je ca. 300 g
2 Zweige Rosmarin
6 Zweige Thymian
1 Handvoll Blattpetersilie
1 Zitrone
2 EL Butter
etwas Olivenöl
Salz
Pfeffer aus der Mühle

Die Forellen von innen und außen mit Salz und Pfeffer würzen. Thymian von den Stengeln befreien und mit halbierten Rosmarinzweigen und der gehackten Blattpetersilie in die Bäuche füllen.
Eine große Pfanne erhitzen, Butter und Olivenöl hinzufügen und die Forellen vorsichtig hineingeben. Von allen Seiten 8–10 Minuten goldgelb braten.
Den Rosmarin wieder entfernen.

Auf vorgewärmten Tellern mit je einem Zitronenviertel, etwas zerlassener Butter und frischem Pfeffer aus der Mühle anrichten.

Die Forelle mit Petersilienkartoffeln und einem knackigen Salat servieren.

Gemäß der autarken Lebensweise der Zisterzienser gehört auch die Fischzucht zu ihren Wirtschaftszweigen. Da die Ordensschwestern selbst nicht in der Landwirtschaft tätig sind, sind die klösterlichen Fischteiche und Felder von Oberschönenfeld verpachtet. Während sie sich ihren klostereigenen Fisch nur in der Fastenzeit munden lassen, stehen im Klosterstüble fangfrische Klosterforellen das ganze Jahr auf der Speisekarte.

Die Wartburg

Ritterliche Tafelrunde im „Gasthof für fröhliche Leut"

Auf der Wartburg, die wie ein Adlerhorst auf einem Felsgrat hoch über Eisenach thront, wird Gastlichkeit seit jeher großgeschrieben. Dabei spannt sich der Bogen von höfischen Festen, die hier die thüringischen Landgrafen im Mittelalter, die sächsischen Kurfürsten in der Renaissance oder 1741–1922 das Herzogshaus Sachsen-Weimar-Eisenach feierten, über die studentischen Wartburgfeste ab 1817 bis zum Krimidinner um Mitternacht und zum „Sommervergnügen auf der Wartburg – Eine Ballnacht der Sinne", welches das Wartburghotel alljährlich mit Lichterspielen, Leckerbissen, Musik und Tanz im Schatten der Burg ausrichtet.

Bereits im frühen 13. Jahrhundert bot Landgraf Hermann I. fahrenden Sängern wie Wolfram von Eschenbach und Walther von der Vogelweide im säulengeschmückten spätromanischen Palas (um 1157–70) eine Bühne. Doch die Sitten waren rauh: Als Heinrich von Ofterdingen anstelle des Gastgebers seinen eigenen Dienstherrn besang, hätte er als Verlierer des „Sängerkriegs auf der Wartburg" beinahe sein Leben lassen müssen. Laut Dietrich von Apoldas Version (um 1290) kam dieser jedoch davon, weil man in diesem Moment die Geburt der späteren Heiligen Elisabeth (1207–31), der Braut des Landgrafensohns, ankündigte. Ihre Mildtätigkeit machte sie zur Symbolfigur, die auch in der künstlerischen Ausgestaltung der Wartburg zum Ausdruck kommt. In der Elisabeth-Galerie setzte Moritz von Schwind (1804–71) auf seinem „Rosenwunder"-Fresko 1854/55 den Augenblick ins Bild, in dem Elisabeth den Armen heimlich Brot bringen will. Als ihr Mann sie zur Rede stellt, sagt sie, es handle sich um Rosen – und auf wundersame Weise birgt sie nun Rosen statt Brot in ihrem Gewand, weshalb er sie auch forthin gewähren lässt.
Bereits 1991–93 förderte die Deutsche Stiftung Denkmalschutz restauratorische Maßnahmen an den Schwind-Fresken, die damals von der Wand zu fallen drohten. Inzwischen hatten sie neuerlich Schaden genommen, weshalb Klimaregelung und UV-Schutz optimiert wurden; ihre 2017 beendete Restaurierung soll daher längerfristig die letzte bleiben.

Beim Thema Gastlichkeit ist auch ein Mann zu nennen, der elf Monate lang Gast auf der Wartburg war – wenn auch nicht ganz freiwillig: Martin Luther (1483–1546). Von Mai 1521 bis März 1522 lebte der Reformator in einer seither als „Lutherstube" verehrten First-Class-Gefängniszelle, in der vor ihm nur adelige Gefangene einsaßen. Doch der für vogelfrei erklärte Luther, den der sächsische Kurfürst Friedrich der Weise zu seinem Schutz hatte kidnappen lassen, nutzte die Zeit für das Schreiben von Briefen und theologischen Abhandlungen sowie für seine Übersetzung des Neuen Testamentes. Die Übersetzung des griechischen Urtexts aus einer Ausgabe des Humanisten Erasmus von Rotterdam dauerte nur zehn Wochen, was eine Produktion von etwa fünf Kapiteln am Tag bedeutet. Durch die Verwendung eines verständlichen, überregionalen Sprachstils etablierte Luther ganz nebenbei seine Version der deutschen Sprache und prägte bildhafte Ausdrücke wie „Nächstenliebe", „Sündenbock" oder „sein Licht unter den Scheffel stellen". Kein gutes Wort übrig hatte er jedoch für die fette, schwere Ritterkost auf der Wartburg.

Wie groß wäre Luthers Erstaunen gewesen, hätte er rund 350 Jahre später die Jagdfeste und Hoftage bei Großherzog von Sachsen-Weimar-Eisenach Carl Alexander (1818–1901) miterlebt, der die Wartburg restaurieren und ergänzen ließ. Nachdem die Menü-

WARTBURG

Vitheburg Mädelstein

Nach Merian

Die Haubt-Taffel.

Jst erfunden/ angeordnet vnd auff gned. Belieben vnd Gutheissen zu wercke gebracht am 20ten tage des abrellen MDCCCIC.

Vngarländtische Suppe/ Borsólowes benannt.

Ein grossen Lachß oder Salmo/ auch billig Herren-Fisch genennet/ darzv ein Gebackens von Ostrien.

Lendenbratten vom Rindt/ feyn servieret mit Cruspeln vnd viellerley Gemües.

Ein Blanquet/ als man am Hoffe zv Weymar bey grossen Solennitäten prässentieret.

Zwölf feyste Berghähne/ flambiert vnd am Brattenwendter geröst/ warmb/ darzv ein Salatt/ auch süsse Pyrn.

Hernach ein Haubtgemüeß/ grosse Spargen aws Brawnschweyg/ eingeleget vnd warmb hergericht.

Ein Gefrornes mit hispanischen Weyn/ darbey Holhippleyn auff Oblata gereichet.

Zur Nachspeyß allerley Keeßleyn.

Seltzambe Früchte/ dargestellet als ein Bergk/ mit Blumen vmleget.

1 Schüssel von allerley trocknen Confect oder Zuckerwerck/ auch Paphlagonische Castanien vnd Chocolade=Confecte.

Zeyt vnd Stund macht gesund.
Was auch sunst nicht dient dem Magen
kann man wolgekocht vertragen.

Ernst Scheibe, Weimar.

folgen immer spektakulärer geworden waren, führte man 1863 Menükarten ein. Ihre Speisenfolgen knüpfen an die Festkultur des Mittelalters an. Keine Rolle spielte, dass es im Mittelalter manche Lebensmittel noch nicht gab oder dass man inzwischen mit Besteck speiste. Die Menükarten des letzten großherzoglichen Küchenmeisters Emil König gerieten zu kleinen Kunstwerken. Das Wartburgarchiv hütet heute noch rund 600 dieser kulturhistorischen Schätze auf Pergament, Papier, Bütten, Seide etc. – dank der Wartburgkommandanten, die diese über Jahrzehnte hinweg für die Nachwelt retteten. Die Motive sind Wartburg-Ansichten, Buchmalereien etc. Die zweite Stärke des Meisterkochs war die Herstellung von Schaugerichten und Tafelaufsätzen aus Wachs oder Zuckermasse. Unter den um 1900 kredenzten Vorspeisen befanden sich etwa Schildkröten- oder Mangosuppe, Pasteten von Truthahn und Pfau, Kiebitzeier, Hirschhirn oder Haselhuhn in Weinaspik. Aus heutiger Sicht ungewöhnliche Hauptgänge waren: Wildschweinkopf, Elchrücken oder Schnepfenbraten. Bildwerke aus Marzipan, Eis und Konfekt bildeten den Nachtisch.
Seit 2014 macht es sich das „Romantik Hotel auf der Wartburg" zur Aufgabe, diesen Schatz im jahreszeitlichen Wechsel immer wieder neu zu heben und abends in moderner Interpretation auf den Tisch zu bringen. Die aus Eisenach stammende Küchenchefin Annett Reinhardt, die nach Stationen in Deutschland und Spanien seit 2012 im Wartburghotel für Gaumenkitzel sorgt, setzt die historischen Menüs angepasst an den heutigen Geschmack um. Die Desserts sind ihre eigenen Kreationen, war sie doch zuvor im Wartburghotel als Patissière tätig – mit Aussicht aus der Patisserieküche auf den Thüringer Wald.

Eine Etage höher können auch die Gäste den spektakulären Weitblick genießen: von der Landgrafenstube (möglichst Fenstertisch reservieren!) oder von der Hotelterrasse, *„denn die Natur ist zu weit herrlich hier auf jeden Blick hinaus"* (Goethe).
Das Wartburghotel von 1913/14 ist bereits das zweite seiner Art, nachdem der „Gasthof für fröhliche Leut" zu klein geworden war. Der denkmalgeschützte U-förmige Bau des Burgenforschers Bodo Ebhardt (1865–1945) im Heimatstil greift mit seinem Fachwerk und Sandsteinmauerwerk Merkmale der Wartburg auf. Das sehr persönlich geführte „Romantik Hotel auf der Wartburg" mit nur 37 Zimmern dient heute auch als Standesamt. Besonders beeindruckt der 220 Quadratmeter große Wappensaal mit Wandmalereien des Straßburger Künstlers Léo Schnug (1878–1933), dessen amüsante und teilweise moralisierende Szenen mit verliebten Burgfräulein und berechnenden Rittern, tanzenden Paaren, Jagdszenen und musizierenden Narren spielerisch an die Zeit der Minne erinnert. Diese heitere Einstellung entspricht genau dem Motto des „Gasthofs für fröhliche Leut", in dem es sich nach der Besichtigung des UNESCO-Weltkulturerbes Wartburg oder nach einer Wanderung fröhlich speisen und entspannen lässt.

Ungarische Suppe

Ansatz
250 g Rindfleisch
Öl
2 mittelgroße Zwiebeln
100 g Karotten
100 g Sellerie
1 rote Paprika
2 EL Tomatenmark
200 ml Rotwein
500 ml Rinderbrühe
Lorbeer
Majoran, evtl. etwas Kümmel
Salz, Pfeffer

Einlage
150 g Kartoffeln, vorwiegend festkochend
2-3 Strauchtomaten
Paprika edelsüß und scharf
Kümmel
Sonnenblumenöl
Zitronenschale, gerieben
1 Becher Sauerrahm
50 g Rindfleisch

Zwiebeln, Karotten und Sellerie schälen und mit der Paprika in feine Würfel oder Streifen schneiden. Das Rindfleisch wird ebenso in Würfel geschnitten.
In einem Topf etwas Öl erhitzen und das Rindfleisch darin anbraten. Danach zuerst Sellerie und Karotten zugeben und nach kurzer Zeit ebenso die Zwiebeln und die Paprika. Jetzt kommt das Tomatenmark hinzu und wird kurz angebraten, bevor es dann mit etwas Rotwein abgelöscht wird.

Den Rotwein in 2-3 Etappen immer wieder angießen und den Ansatz wieder reduzieren, bis es wieder zu braten beginnt. Mit der Brühe aufgießen. Lorbeer, etwas Majoran, evtl. Kümmel, wenig Salz und Pfeffer zugeben und bei kleiner Hitze mit geschlossenem Deckel köcheln lassen.

In der Zwischenzeit die Kartoffeln schälen und in Würfel schneiden. Die Tomaten waschen und grob würfeln. Nach 20-25 Minuten kontrollieren, ob das Fleisch beginnnt weich zu werden. Dann Tomaten und Kartoffeln zugeben, mit etwas Paprika und Kümmel nach Geschmack würzen und weiterkochen, bis die Kartoffeln und das Fleisch gar sind.

Nun die Suppe nochmals mit den Gewürzen abschmecken und servieren. In Ungarn gibt man gerne noch etwas geriebene Zitronenschale mit in die Suppe und richtet sie mit etwas Sauerrahm an.

Die Suppe absieben. Die Einlage pürieren. Das Püree in den Teller dressieren. Die Gemüsesorten aus dem Ansatz zurechtschneiden und frisch anschwitzen. Danach diese auf dem Püree zusammen mit rosa gebratenen Rindfleischwürfeln servieren und Suppe zugießen.

Lachs mit Wiener Kruspeln

4 Lachsfilets à 100 g

Teigtaschen
12 Wan-Tan-Blätter, gefroren
250 g Barschfilet
120 ml flüssige Sahne
2 EL Meerrettich, gerieben
Salz und Pfeffer
2 EL blanchierte Erbsen
Frittierfett zum Ausbacken
Alfalfa-Kresse als Deko

Speckcrumble
20 g Speck
20 g Schalotten
50 g Butter
50 g Haferflocken
60 g Weizenmehl
1 EL brauner Zucker
Salz und Pfeffer

Erbspüree
400 g Erbsen (tiefgefroren)
1 Schalotte
25 g Butter
250 ml Gemüsebrühe

Wan-Tan-Blätter auftauen. Fischfilets entgräten, in Streifen oder Würfel schneiden, mit Salz und Pfeffer würzen und mit etwas Sahne mixen. Nach und nach übrige Sahne zugeben, bis eine cremige Masse entsteht. Alles sollte möglichst kalt sein, damit die Farce bei der Verarbeitung nicht gerinnt. Die Masse durch ein Sieb streichen. Mit Salz, Pfeffer und Meerrettich abschmecken. Zur Geschmackskontrolle ein wenig Masse in siedendem Salzwasser garen und verkosten. Die Erbsen untermischen. Wan-Tan-Teigblätter auslegen. Mit Löffel oder Spritzbeutel mittig die Füllung auftragen. Die Ränder mit einem Pinsel und etwas Wasser anfeuchten und von den Ecken her zur Mitte klappen und etwas andrücken. Taschen abgedeckt kühlstellen.

Für die Speckcrumble Speck und Schalotte fein würfeln. Speck auslassen und Schalotte darin anschwitzen. Abkühlen lassen. Mit den übrigen Zutaten schnell zu einem Teig verkneten. Auf ein Blech mit Backpapier streuen und bei 160 °C Grad goldgelb backen.

Für das Erbspüree Schalotte schälen und fein würfeln. In Butter anschwitzen und Erbsen zugeben. Mit Salz, Pfeffer und Muskat abschmecken und mit Gemüsebrühe bei geschlossenem Deckel weichkochen. Erbsen pürieren und durch ein Sieb streichen. Im Wasserbad warmhalten, während der Lachs brät.

Lachsfilets salzen, mit Olivenöl bestreichen und in einer Pfanne beidseitig anbraten. Währenddessen die Teigtaschen in leicht kochendem Salzwasser garen. Für einen Knuspereffekt einen Teil der Taschen frittieren. Erbspüree tupfenweise auf dem Teller verteilen. Darauf Teigtaschen und Lachs platzieren. Lachs mit Speckcrumble und Erbspüree dekorieren.

Wildhähne vom Rost, Salat und Birne

4 kleine Perlhuhnbrüstchen
6 Kartoffeln, Sorte: La Ratte
1 Schale Feldsalat
Dressing

Parmesan-Estragon-Schaum
100 g Parmesan, gerieben
2 Zweige Estragon
200 g Kartoffeln, mehligkochend
75 g Butter
200 g Sahne

Kartoffelpüree
1 lila Kartoffel
Butter
eine Prise Salz

Süßkartoffelchips
2 Süßkartoffeln
Frittierfett

Birnenringe
2 Birnen
1 TL Zucker
ein Stückchen Butter

Kräuterschmand
200 g Schmand
8 Stiele Petersilie
½ Bund Schnittlauch
Salz und Pfeffer

Für den Parmesan-Estragon-Schaum Kartoffeln in Salzwasser kochen. Sahne mit geschnittenem Estragon aufkochen, Kartoffeln hineinpressen und Butter zugeben. Alles erhitzen, geriebenen Parmesan darin auflösen. Mit Salz, Pfeffer und Muskat abschmecken und passieren. Die Masse in einen Espumasprayer geben. 2 Kapseln Gas in die Flasche drehen und gut schütteln. Flasche bis zum Servieren im Wasserbad warmstellen.

Für die Birnenringe Birnen schälen und in Scheiben schneiden. Kerngehäuse mit einem Ausstecher entfernen. Birnenringe in einer Pfanne mit etwas Butter anbraten und mit Zucker karamellisieren.

Für die Chips die Süßkartoffeln schälen und mit einem Schäler der Länge nach in feine Scheiben schälen. Diese frittieren und auf Küchenvlies abtropfen lassen.

Schmand in eine Schüssel geben und mit Kräutern vermengen. Mit Salz und Pfeffer abschmecken. La-Ratte-Kartoffeln mit Schale in Salzwasser kochen. Später zum Anrichten halbieren. Die lila Kartoffel in Salzwasser kochen, pellen und mit einer Presse zerkleinern. Mit Butter, Salz, Pfeffer und Sahne abschmecken.

Perlhuhnbrüste salzen und pfeffern und in der Pfanne auf der Hautseite langsam knusprig anbraten. Wenden und von der anderen Seite nochmals 1-2 Minuten braten. Dabei etwas Thymian oder Rosmarin je nach Geschmack mitbraten. Die Brüstchen auf einer Platte im vorgeheizten Ofen bei ca. 120 °C Grad 8-12 Minuten garen lassen.
Zum Servieren 3 Birnenringe pro Teller am Rand im Kreis auslegen. Das lila Püree als Verbindung zwischen die Ringe dressieren. Kartoffelhälften auf Birnenringen verteilen und Kräuterschmand daran nappieren. Brüstchen schräg halbieren und mittig setzen. Zum Schluss mit Feldsalat, Chips und Dressing garnieren.

Rinderlende mit Gemüse

4 Rindersteaks vom Rücken
oder Filets à 160-180 g

Ochsenschwanzragout
1 kg Ochsenschwanz,
in Scheiben geschnitten
3 Karotten
350 g Sellerie
2 Speisezwiebeln
1 l Fleischbrühe, 1 EL Stärke
Lorbeer, Nelke, Wacholder,
Pfefferkörner, etwas Salz
400 ml Rotwein (Cabernet)
1 Rosmarinzweig
2 EL Tomatenmark

weißes Karottenpüree
250 g weiße Karotten
2 Schalotten
50 g Butter
Weißwein (Riesling)
Gemüsebrühe

Petersilienwurzelrösti
1 kg Petersilienwurzeln
Salz, Pfeffer, Muskat

lila Karottenchutney
300 g lila Karotten
1 mittelgroße Zwiebel
1 TL Rohrzucker
Gemüsebrühe
etwas Balsamicoessig
Lorbeerblatt

8 Karotten zum Glasieren
1 Rosmarinzweig
3 Thymianzweige
2 EL Honig

Anrichten: Rösti oben auf den Teller legen, darauf das Karottenpüree dressieren. Glasierte Karotten an das Püree setzen. Chutney links und rechts anrichten, das Ragout gegenüber. Steak dazwischen legen.

Ragout: Karotten und Sellerie schälen, in Stücke schneiden. Im Topf Ochsenschwanzscheiben beidseitig anbraten. Aus dem Topf nehmen, Gemüsestücke darin anbraten, Zwiebeln in Stücke schneiden, mitbraten. Tomatenmark zugeben. Mit Rotwein ablöschen, einkochen. Gewürze zugeben, mit Brühe und 1 Liter Wasser auffüllen. Fleischscheiben wieder in den Topf geben, bei mittlerer Hitze mit geschlossenem Deckel schmoren. Weiches Fleisch entnehmen, entbeinen. Ansatz absieben, Fond aufkochen, reduzieren. Abschmecken, leicht mit Stärke abziehen. Fleisch nach Erkalten würfeln und in der Sauce erhitzen.

Püree: Weiße Karotten schälen, in Scheiben schneiden, Schalotten schälen, fein würfeln, beides mit zerlassener Butter anschwitzen. Mit Weißwein ablöschen, mit Gemüsebrühe auffüllen. Salz, Pfeffer und Muskat zugeben und bei geschlossenem Deckel weichkochen. Pürieren und durch ein Sieb streichen. Zum Servieren in einem Töpfchen erhitzen.

Rösti: Petersilienwurzeln schälen, mit einer Reibe mittlerer Stärke raspeln, in eine Schüssel geben, mit Salz und Pfeffer abschmecken. Alles durchmengen, zu Rösti formen und in Öl anbraten.

Chutney: Karotte schälen, in Scheiben schneiden, Zwiebel schälen und würfeln. Karotten in Butter anschwitzen, Zwiebelstücke zugeben. Nach Erhitzen mit Zucker bestreuen und karamellisieren. Bevor es richtig Farbe nimmt, mit Gemüsefond ablöschen. Etwas Essig zugeben. Mit Lorbeer, Pfeffer und Salz würzen, bei kleiner Hitze mit Deckel köcheln. Nach Bedarf Brühe nachgießen. Wenn die Karotten bissfest sind, Deckel vom Topf nehmen und Ansatz einkochen. Ist das Verhältnis von Fond und Gemüse stimmig, kalte Butter zum Abbinden unter das Chutney rühren.

Glasieren: Karotten schälen, in 5 Millimeter breite Stifte schneiden, in Salzwasser blanchieren. In gesalzenem Eiswasser abschrecken. Auf ein Sieb geben. Honig im Pfännchen erhitzen, Thymian und Karotten zugeben, durchschwenken. Mit Salz und Pfeffer abschmecken, mit Gemüsefond oder Weißwein ablöschen.

Rindersteaks mit Öl und Rosmarin beidseitig 2 Minuten anbraten. Mit Salz und Pfeffer würzen, im Ofen bei ca. 80 °C 10–15 Minuten ziehen lassen.

Ananasdessert aus der Landgrafenküche

Gelee
230 g Ananaspüree
75 ml Passionsfruchtsaft
50 g Zucker
1 Blatt Gelatine
4 g Agar Agar

Mürbteig
100 g Mehl
20 g Kakao
40 g Zucker
25 g Vollei
60 g Butter
Kuvertüre

Ananasragout
200 g Ananas
40 ml Vanillelikör
2 Stengel Blattpetersilie

Ananasshake
50 g Ananas
150 g Orangensaft
1 Stengel Blattpetersilie
etwas Honig zum Süßen
etwas Vanillelikör

200 ml Ananassorbet
1 Stengel Blattpetersilie

Für das Gelee 230 g Ananasfruchtfleisch pürieren und mit dem Passionsfruchtsaft und dem Zucker aufkochen. Dann das Agar Agar unterrühren. Den Fond weitere 3 Minuten kochen lassen. Dann den Topf vom Herd nehmen und die eingeweichte Gelatine darin auflösen. Um sicher zu gehen, dass keine Klümpchen in dem Gelee sind, einmal absieben und auf ein Blech geben. Nach dem Erkalten, wenn das Gelee fest geworden ist, in Streifen von 2,5 x 6 cm schneiden.

Für den Boden das Mehl mit dem Kakao mischen und danach mit Zucker, Ei und Butterflocken verkneten. 30 Minuten kaltstellen. Den Mürbteig ausrollen und ebenfalls in Streifen von 2,5 x 6 cm schneiden. Bei 175 °C 5–7 Minuten backen. Nach dem Abkühlen die Mürbteigstreifen mit flüssiger Kuvertüre bestreichen.

Für das Ragout Ananas in feine Würfel schneiden und mit Vanillelikör marinieren. Die Blattpetersilie in feine Streifen schneiden und untermischen.
Beim Anrichten je einen Mürbteigstreifen auf jeden Teller legen. Je einen Streifen Gelee darauflegen und das Ragout obenauf geben. Den Shake in einem Gläschen danebenstellen.

Für den Shake alle Zuaten in einen Mixer geben und pürieren. Danach den Shake direkt servieren.

Auf das Ragout je zwei Kugeln Ananassorbet setzen, dazwischen noch etwas Blattpetersilie anordnen.

Rotes Schloss Jagsthausen

Dinieren bei Götz von Berlichingens Nachfahren

Geschichten, die das Leben schreibt, sind immer die besten. Das mag auch Johann Wolfgang von Goethe (1749–1832) gedacht haben, als er sich 1771 das abenteuerliche Leben des Götz von Berlichingen (1480–1562) als Stoff für ein Drama vornahm, das den Dichter schlagartig berühmt machte. Dieses Schauspiel ist eng mit der Götzenburg (15./16. Jh.; 1876/78) in Jagsthausen im idyllischen Jagsttal bei Heilbronn verbunden. Hier verbrachte der Reichsritter seine Kindheit, und hier wird noch seine originale „eiserne Hand" aufbewahrt. Denn seit der Begründung der Burgfestspiele Jagsthausen 1949 dient der „Götz" als Eröffnungs- und Hauptstück. Zum heutigen Schlosshotel Götzenburg gehört auch die hauptsächlich im 16./17. Jahrhundert erbaute Vorburg, die auch mit Hilfe der Deutschen Stiftung Denkmalschutz restauriert werden konnte.

Eine moderne von-Berlichingen-Geschichte ist die Erweckung des Roten Schlosses und seiner Wirtschaftsgebäude aus dem Dornröschenschlaf: Im Jahr 2005 eröffneten die jungen Freiherren in der ehemaligen Wagenremise eine kleine Gastronomie für die Festspielbesucher mit Biergarten im Schlosshof. Der Brunnen ist ein Relikt aus der Römerzeit, als es auf dem heutigen Gelände der Götzenburg und des Roten Schlosses ein Kastell und an Stelle des heutigen Jagsthausens eine Siedlung mit zwei Bädern gab. Bestärkt durch ihren Erfolg richtete die Familie von Berlichingen in der Remise 2007 das Restaurant „Rotes Schloss" mit rustikal-schickem Interieur ein: Die rote Farbe der Bar und der Holzpfosten und -balken greift den Erdgeschossanstrich des Roten Schlosses auf, das man durch die Fenstertüren sehen kann, während die Rückwand der Bar eine effektvoll beleuchtete Grafik Jagsthausens ziert.
Doch ein paar Jahre später bereitete das Rote Schloss Sorgen, das im 18. Jahrhundert mehrfach umgebaut und renoviert worden war und auf einen 1572–90 errichteten Bau von Götzens Enkel Hans Reinhard zurückgeht. Feuchtigkeitsschäden im barocken Mansarddach hatten unter anderem zu statischen Mängeln geführt, weshalb die Deutsche Stiftung Denkmalschutz im Jahre 2012 Fördermittel für die Dachsanierung bereitstellte. Das Schloss entspricht heute wieder seiner ursprünglichen Funktion als Amts- und Familiensitz,

da hier die Familie von Gottfried von Berlichingen wohnt und das Archiv der Freiherren untergebracht ist. Einige Dokumente berichten auch über die Jagd, die die Brüder Gottfried und Hans-Sigmund von Berlichingen noch heute betreiben – was in den Wildwochen den Restaurantgästen zugutekommt.
Eine dieser Archivalien, ein Grundriss von 1902, gab sogar über die ursprüngliche Raumeinteilung des früheren Pferdestalls Aufschluss und war hilfreich, als man 2013 auch diesen Gebäudetrakt zum Restaurant umgestaltete. Aus den Stallboxen wurden Sitzbereiche, aus dem Pferdelaufstall der Kaminraum und aus der Kutscherstube, der Bügelstube und dem Gaststall Sanitäranlagen. In den Holzschuppen zog die gläserne Schauküche, und rückseitig entstand eine Sonnenterrasse mit Blick zum Park und zum Weißen Schloss (1792), dem dritten Berlichingen-Herrensitz in Jagsthausen. Im Park stehen jahrhundertealte Bäume, wie Linden, Rotbuchen, Schwarzkiefern und ein Zwillingsbaum auf einer Urbaumwurzel, die auf die Zeit des Götz von Berlichingen zurückgehen könnte. Aus dem wiedererweckten Schlossgarten mit seinen wärmenden Spalierobstmauern bezieht die Küche Kräuter, Obst und Gemüse. Ein Ensemble wie aus dem Märchenbuch, in dem sich Kinder als Edelfräulein und Ritter alias Götz fühlen können. Auch für Hochzeiten ist es wie geschaffen.

Wildschweinrücken mit Bärlauchkruste

Wildschweinrücken,
4 Stücke à 170 g
Salz, Pfeffer
Öl
Butter

Kruste
4 EL Butter, zimmerwarm
3 EL Semmelbrösel
3 TL Bärlauchpesto
Salz, Pfeffer

Sauce
10 Wacholderbeeren
2 Lorbeerblätter
100 ml Wildfond
100 ml Rotwein
200 ml Sahne
Salz, Pfeffer

Gemüse
300 g Rosenkohl
100 g Speck
Salz, Pfeffer

Nudeln
500 g frische Bandnudeln
3 EL Butter
3 EL Semmelbrösel
Salz, Muskatnuss

Die Semmelbrösel in der Pfanne leicht anrösten und mit der Butter verrühren. Das Bärlauchpesto, Salz und Pfeffer hinzugeben und damit gut vermischen, bis eine homogene Masse entstanden ist. Diese Mischung aus der Pfanne nehmen und nach Abkühlen so in Klarsichtfolie einwickeln, dass sie wie ein großes Bonbon verpackt ist. Mindestens 30 Minuten im Kühlschrank lagern und dann von der Masse vier Scheiben von je etwa 1 Zentimeter Breite abschneiden.

In einer großen Pfanne etwas Öl erhitzen und die Fleischstücke auf beiden Seiten anbraten. Die Bärlauchmischung darauf verteilen, etwas Butter hinzufügen und bei 175 °C im vorgewärmten Ofen etwa 6 Minuten lang zu Ende braten lassen.

In einem Topf Wacholderbeeren und Lorbeerblätter ohne Zugabe von Öl erhitzen, Rotwein und Fond hinzugeben, aufkochen und reduzieren. Sahne hinzufügen und weiterköcheln. Mit Salz und Pfeffer abschmecken und gründlich verrühren.
Den Rosenkohl putzen und drei Minuten lang in kochendem Salzwasser garen, mit kaltem Wasser abschrecken und in schmale Streifen schneiden.

Speck anbraten sowie Rosenkohl, Salz und Pfeffer hinzugeben.

In einer Pfanne Butter zum Schmelzen bringen, Semmelbrösel hineingeben und goldbraun anrösten.
Die frischen Bandnudeln in kochendem Salzwasser bissfest kochen, das Nudelwasser abgießen. Die Nudeln zu den Semmelbröseln geben und mit Salz und Muskatnuss abschmecken.

Alle Zutaten auf den Tellern anrichten und die übriggebliebene Sauce separat servieren.

café si

Panna Cotta mit Hagebuttensoße

Panna Cotta
20 g Zucker
1 Scheibe Gelatine
½ Vanilleschote
35 ml Milch
170 ml Sahne

Streusel
30 g Mehl
20 g Zucker
½ Vanilleschote, ausgekratzt
15 g Butter (Raumtemperatur)

Hagebuttensoße
100 ml Hagebuttenmarmelade
40 ml Weißwein
30 g Rohrzucker
20 g Ingwer
Saft einer Orange

Dekoration
4 Kugeln Erdbeersorbet/-eis
Schokoladensoße, bitter
100 g Schokoladenraspeln
4 Erdbeeren
8 Himbeeren

optional:
2 Löffelbiskuits
4 dünne Schokoladentäfelchen
100 g Pistazien, gehackt
100 g Macadamianüsse, gehackt
50 g Kokosraspeln
Schokoladenkuchenkrümel
Lavendelblüten
andere essbare Blüten

Für die Panna Cotta die Gelatine in der Milch auflösen. Die Hälfte der Sahne mit dem Zucker mischen, die aufgeschlitzte halbe Vanilleschote hinzufügen und die Mischung langsam zum Kochen bringen (rühren, nicht anbrennen lassen!). Den Topf vom Feuer nehmen, die halbe Vanilleschote entfernen. Nach dem Abkühlen die Gelatine hinzufügen und die Mischung durch ein feines Sieb pressen. Dann die übrige Sahne hineinrühren. In mit kaltem Wasser ausgespülte Gläser oder Schälchen gießen und abkühlen lassen.

Für die Streusel alle Zutaten in eine Schüssel geben und zu einem krümeligen Teig kneten. In einer dünnen Schicht auf einem Backblech ausbreiten und im vorgeheizten Ofen bei 170 °C 6–7 Minuten backen.

Für die Hagebuttensoße den Zucker langsam in einem Topf karamellisieren lassen. Den kleingeschnittenen Ingwer, Wein und Orangensaft hinzugeben, auf die Hälfte einkochen lassen, die Hagebuttenmarmelade hinzufügen und noch eine Weile weitersimmern lassen.

Zum Servieren je ein Panna-Cotta-Schälchen auf je einem großen Teller links anordnen. Die Panna Cotta mit dem halben Löffelbiskuit belegen, mit den Schokoladenkuchenkrümeln bestreuen, mit der Hagebuttensoße und den Schokoladentäfelchen verzieren. Schokoladensoße auf einen Pinsel geben und als breiten Streifen diagonal über den Teller streichen, dann darauf nebeneinander Beeren, Schokoladen- und Kokosraspeln sowie gehackte Nüsse verteilen. Rechts daneben auf einer kleinen Nussschicht eine Kugel Erdbeersorbet oder -eis geben. Mit Blüten verzieren.

Bestellshop

Palais Salfeldt Quedlinburg

Auf den Spuren eines barocken Genießers

Adel verpflichtet, möchte man meinen beim Anblick des barocken Palais Salfeldt von 1734–37. Jedoch war der vornehme Stadtpalast nie ein Adelssitz und steht auch nicht in Paris, Prag oder Dresden, sondern in der Fachwerkstadt Quedlinburg in Sachsen-Anhalt – als eines ihrer wenigen Steingebäude. Während die über 1200 Fachwerkhäuser der Welterbestadt in Skelettbauweise mit Holz aus dem nahen Harz errichtet wurden, prunkt das Palais am Kornmarkt 5 mit einer Werksteinfassade. Sein Auftraggeber war Röttger Salfeldt († 1740), der als Ratsherr, Kämmerer und Erbe eines Patriziergeschlechts einer der Top-Honoratioren der Stadt war.
Das Palais ist Ausdruck bürgerlichen Selbstbewusstseins in der Formensprache des Herrschaftsbaus: elegante Fassade, hohe Stockwerke, kunstvolle Seedrachen als Wasserspeier, bekrönende Sandsteinvasen, raumfüllendes Treppenhaus und filigraner Stuck von italienischen Meistern, die zuvor im nahen Schloss tätig waren. Dabei lebte Röttger Salfeldt mit seiner Frau und zehn Kindern nicht einmal selbst in dem barocken Wunderwerk, das offenbar in erster Linie repräsentativen Zwecken diente, sondern nebenan im Kornmarkt 6, dessen überstrichenes Fachwerk einen Massivbau nachahmt.
Salfeldt war ein Genussmensch, was 2003 Ausgrabungen im Innenhof bewiesen – Scherben von Wein- und Portweinflaschen, Tonpfeifenreste und kiloweise Austernschalen. Spannendstes Fundstück ist eine Zahnbürste, besser gesagt, ihr Stiel aus Schweinsknochen. Sie gilt als älteste Zahnbürste Europas und ist ein Hinweis auf den damals sündhaft teuren Zuckerkonsum. Dem barocken Feinschmecker hätte es sicher gefallen, dass der Kornspeicher seines einstigen Wohnhauses am Kornmarkt 6 seit 2008 gastronomisch genutzt wird. Schon das Haus „Zum Schwarzen Adler", der Vorgängerbau des Palais und zuletzt im Besitz von Röttgers Vater Eckard, hatte das Brau- und Gastrecht.

Doch bis zur heutigen Nutzungsvielfalt des Gebäudekomplexes Kornmarkt 5 und 6 war es ein langer Weg. Er begann damit, dass

PALAIS SALFELDT

die Deutsche Stiftung Denkmalschutz 1997 das vernachlässigte Palais in ihr Eigentum übernahm und in das Schmuckstück von einst zurückverwandelte. Im Musikzimmer finden wieder Konzerte und sogar standesamtliche Trauungen statt. In mehreren Räumen haben Exponate ihren Platz gefunden: die Sammlung BÖDEHEI zur bürgerlichen Tisch- und Wohnkultur und die Porzellane der „Sammlung Harald und Jutta Wohlthat".
Auch der Kornmarkt 6 von 1660/1732 gehört inzwischen der Deutschen Stiftung Denkmalschutz, die ihn mit Hilfe der Glücks-Spirale und mit Spenden sanierte. Darin haben ihre Quedlinburger Außenstelle und der Verein UNESCO-Welterbestätten Deutschland e. V. ihren Sitz. Da vom frühbarocken Speichergebäude nur das Erdgeschoss zu retten war, ließ sich darüber ein baulich wie akustisch überzeugender Veranstaltungssaal für bis zu 400 Personen realisieren. Auch das Restaurant Theophano unter der Leitung von Küchenchef Sebastian Vogel beeindruckt durch seine stimmungsvolle Atmosphäre im einzigen backsteingewölbten Barockspeicher Quedlinburgs sowie durch die Kombination von Harzer Gaumenfreuden mit französischer Raffinesse oder durch hausgemachte Hochzeitstorten für Schleckermäuler à la Salfeldt.

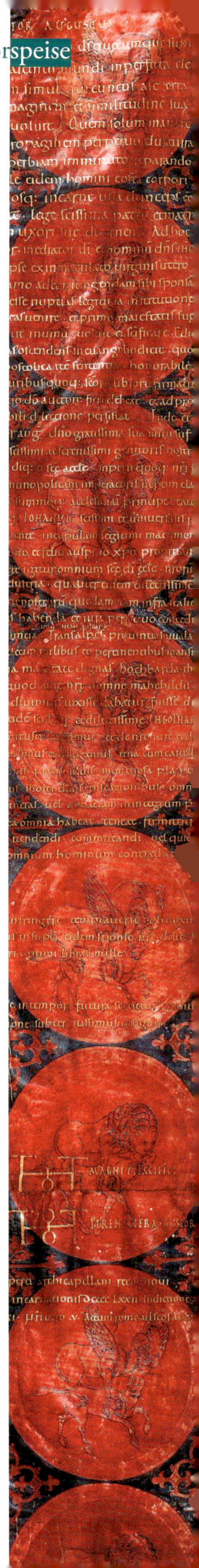

Tatar vom Harzer Käse

200 g Harzer Käse
1 rote Zwiebel
80 g Butter
1 EL Senf
1 TL Paprikapulver
2 Eigelb
80 g Schmand
4 Scheiben Schwarzbrot
4 TL Crème fraîche
frischer Schnittlauch

Käse fein hacken und mit allen Zutaten vermischen. Das Brot ausstechen und den Käse in einem Ring darauf anrichten.

Mit Salatblättern etc. dekorieren.

Lange haltbaren Hartkäse, für den der Harzer Käse aus Sauermilch stellvertretend steht, gab es seit der Antike und sicherlich auch im 10. Jahrhundert im Harzvorland, als Quitilinga *von den Ottonen zur Lieblingspfalz avancierte. Sechs Mal zum Osterfest und zu Hof- und Reichstagen weilte hier auch die Namenspatronin des Restaurants, die byzantinische Prinzessin Theophanu (um 959–991), die nach dem Tod ihres Mannes Otto II. für ihren unmündigen Sohn sieben Jahre lang das Reich regierte.*

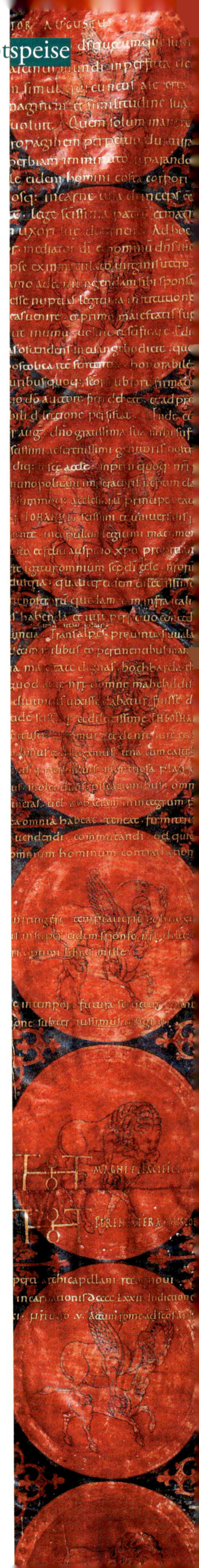

Sauerbraten von der Rinderbacke

- 150 g Möhren
- 100 g Petersilienwurzeln
- 100 g Knollensellerie
- 80 g Zwiebeln
- 2 kg Rinderbacken, pariert
- 2 Thymianstengel
- 1 Rosmarinzweig
- 2 Lorbeerblätter
- 3 Gewürznelken
- 4 Pimentkörner
- 1 Zimtstange
- 6 EL Sojasauce
- 300 ml Weißweinessig
- 1 l Rotwein
- 30 g Butterschmalz
- Salz, Pfeffer
- 30 g Preiselbeeren (Glas)
- 2 EL Ahornsirup/Honig
- 40 g Rosinen
- 4 TL Speisestärke

Möhren, Petersilienwurzeln und Sellerie schälen. Vorbereitetes Gemüse und Zwiebeln in 2 Zentimeter große Würfel schneiden. Tafelspitz mit Gemüsewürfeln, Kräutern, Gewürzen, Sojasauce, Essig, Rotwein und 500 ml Wasser in eine Schüssel geben und 24 Stunden marinieren. Fleisch herausnehmen, die Flüssigkeit durch ein Sieb gießen und das Gemüse beiseitestellen.

Butterschmalz in einem Bräter erhitzen, das Fleisch darin rundherum kräftig anbraten, salzen und pfeffern. Das Gemüse dazugeben und ebenfalls anbraten. Preiselbeeren und Ahornsirup oder Honig dazugeben und mit der Marinade auffüllen. Im geschlossenen Bräter im vorgeheizten Backofen bei 180 °C auf der 2. Schiene von unten 2 Stunden lang garen.

Rosinen in lauwarmem Wasser einweichen. Bräter aus dem Backofen nehmen, den Braten herausnehmen und in Alufolie wickeln. Im ausgeschalteten Ofen warm halten. Den Sud durch ein feines Sieb in einen Topf gießen. Abgetropfte Rosinen dazugeben und auf ca. 500 ml einkochen. Die Stärke mit 3–4 EL kaltem Wasser verrühren. Die Sauce aufkochen und mit der Stärke binden.

Braten in Scheiben schneiden und zum Beispiel mit Rotkohl und Serviettenknödel servieren.

Fleisch sauer einzulegen war eine der wenigen traditionellen Konservierungsweisen. Auch die starke Würzung, der Essig und der süß-saure Geschmack von Sauerbraten deuten auf mittelalterliche Ursprünge hin. Von der Seidenstraße bezog man über Venedig und die Hansestädte Gewürze wie Pfeffer, Zimt oder Nelken, die auch Theophanu aus ihrer Heimat Konstantinopel bekannt waren.

Hotel de Weimar Ludwigslust

Geburtstagsfeier für eine Prinzessin

„Heute war der Geburtstag meiner lieben Frau, recht froh haben wir ihn zugebracht“, schrieb Erbprinz Friedrich Ludwig von Mecklenburg-Schwerin in Ludwigslust über den 25. Geburtstag seiner ein Jahr vorher angetrauten Ehefrau Caroline Luise (1786–1816) am 18. Juli 1811 in sein Tagebuch. Die Prinzessin von Sachsen-Weimar-Eisenach war die Enkelin Anna Amalias und Tochter des Herzogs Carl August. Carolines frühere Erzieherin und engste Vertraute, Henriette von Knebel (1755–1813) folgte ihr ins „Versailles des Nordens“. Von ihr erfährt man: *„Sie hat ihren Geburtstag ziemlich heiter gefeiert, und war des Morgens, da wir sie besuchten, ganz fröhlich über manche artige Geschenke. Der Prinz gab ihr ein schönes Gemälde, die Madonna mit dem Jesuskind (...). Noch erhielt Prinzeß einen ordentlich geputzten Baum, woran jede hiesige Dame ein kleines Geschenk von ihrer Arbeit (wirklich allerliebst!) anbrachte. (...) Des Abends vor dem Geburtstag bekam sie eine sehr schöne Serenade (...). Des Morgens schickten wir einen Biskuitkuchen zum Frühstück (...). Gestern abend hat der Erbprinz in der schönen Lindenallée im Park Thee gegeben, wo auch Musik und die ganze Allée mit Blumen schön dekorirt war. Später war im Schloß ein kleiner Ball.“*

Gerne wüssten wir, welche Tafelfreuden man zu diesem Anlass kredenzte. Doch Menükarten, wie sie später auch die Mundköche ihres Neffen Carl Alexander erstellten (siehe S. 34), kamen damals gerade erst auf. Auch Nachforschungen im Landeshauptarchiv Schwerin, Hauptstaatsarchiv Weimar und im dortigen Goethe- und Schiller-Archiv gaben darüber keinen Aufschluss.
Ein heutiger „Mundkoch“, dessen kulinarische Kunstfertigkeit durchaus in höfische Zeiten passen würde, ist Wilfried Glania-Brachmann vom Ludwigsluster Hotel de Weimar. Zu Ehren von Carolines 25. Geburtstag kreierte er für dieses Buch ein Festmenü. Schließlich ist die Weimarer Prinzessin die Namenspatronin des Hotels, das der Küchenchef und Petra Fuchs seit 2001 gemeinsam führen. Der zweigeschossige Backsteinbau von 1773 diente

Hotel de Weimar, Ludwigslust

zunächst als herzogliches Gästehaus. Während hochrangige Besucher im Schloss logierten, stiegen deren Begleiter und weitere Gäste in dem zurückhaltend-vornehmen Haus ab. Neben seiner Lage an einer Ausweitung der Straße setzt es sich auch durch seinen Mittelrisalit mit volutenverziertem Zwerchgiebel von den Nachbarhäusern ab, wo die Bediensteten der neuen Residenz wohnten. Zeitmesser für die Untertanen und Hoheitsmotiv war die damalige Uhr im Giebel, die von dem alten Jagdschloss stammte. 1810 widmete Friedrich Ludwig das Gästehaus seiner Ehefrau und taufte es „Hotel de Weimar", wie es heute wieder heißt. Gewohnt hat das Erbprinzenpaar mit Kindern und Stiefkindern weder hier noch im Schloss, sondern im Prinzenpalais am Bassin, keine 200 Meter Luftlinie vom Hotel entfernt.

Carolines Alltag bewegte sich zwischen den Kindern, dem Schloss und der genau gegenüberliegenden Hofkirche (1765–70), der heutigen Stadtkirche und seit 2000 Förderprojekt der Deutschen Stiftung Denkmalschutz. Äußerst ungewöhnlich ist ihre Säulenfront, die an einen griechischen Tempel erinnert. Dass es sich bei den Innendekorationen von Schloss und Kirche größtenteils nicht um Stein, Stuck oder Marmor handelt, sondern um Papiermaché, wird die Prinzessin vielleicht belustigt haben. Für das Herzogtum waren die „Ludwigsluster Cartons" mit Altpapier aus den herzoglichen

Amtsstuben jedoch das Mittel der Wahl, um das eigene und europaweite Prunkbedürfnis schnell und preiswert zu decken.
Trotz aller Sparsamkeit wurden an der mittäglichen Tafel von Carolines Schwiegervater Friedrich Franz I., bei der nur sonntags Damen zugelassen waren, nicht gespart. Man servierte Austern, Kaviar, Trüffel, Hummer, Krebse etc. Weitblick bewies der Herzog übrigens als erster deutscher Herrscher mit seinem 1804 erlassenen Denkmalschutzgesetz. Nachmittags ging die Prinzessin mit ihren Hofdamen im Schlosspark spazieren und bat abends zur Teestunde. Diese war freilich kein Ersatz für ihre früheren Dienstagsgesellschaften, an der auch Goethe teilgenommen hatte.
Trost und geistige Anregung bot ihr der Briefwechsel mit Weimarer Persönlichkeiten. In einem Brief an Goethe vom 30. September 1812 drückt die Prinzessin ihre Freude über dessen *„gütiges Andenken"* und ihr zugesandte Zeichnungen aus und schickt ihm im Gegenzug Skizzen von einer Reise durch Mecklenburg. Carolines 1808 entstandenes Porträt von Jakob Roux (1771-1830) im Frankfurter Goethe-Haus ist eines ihrer wenigen authentischen Bildnisse. Von der Antikenmode, die hierzulande um 1800 durch die preußische Königin Luise en vogue geworden war, stammt die Frisur à la grecque; der jüngeren Empiremode entsprechen die hohe Taille und der schwere, dunkle Stoff. Auf dem einfühlsamen Pastell erkennt man jedoch auch Carolines zarte Konstitution und empfindsames Gemüt – Vorboten ihres frühen Todes 1816?

Höfischer Glanz durchweht das Hotel de Weimar noch immer oder vielmehr wieder. Nach der Rückkehr des Hofs nach Schwerin 1837 herrschte fast nur noch zur Jagdsaison Hochbetrieb. Später tagte hier jährlich die Generalversammlung der Berlin-Hamburger Eisenbahngesellschaft – dann standen die gedeckten Tische bis an die Promenade. In DDR-Zeiten erlebte das Haus verschiedene Nutzungen, deren Datierung die Aktenlage im Stadtarchiv nur bedingt zulässt, unter anderem 1953 als Musikschule, 1959 als Deutsche Bauernbank, Polizei, Schule und 1969–77 als Hort. 1993 wurde der barock-klassizistische Ursprungsbau saniert und stimmig um einen Hotelneubau ergänzt. So entstand Platz für fünf Suiten und 41 Einzel- und Doppelzimmer – und für das elegante Restaurant „Ambiente" im backsteinummauerten Innenhof.
Unter dem sieben Meter hohen Glasdach sitzt es sich ganz ausgezeichnet, ob bei Regen, Sonne oder abends, wenn sich die Kronleuchter und der Schachbrettboden darin spiegeln. Die Tafelfreuden knüpfen an „Lulus" höfische Tradition an, wobei viele Mecklenburger Produkte, auch aus dem hauseigenen Garten, zum Einsatz kommen. Der Gast staunt nicht schlecht, wenn einmal im Jahr der Maskenball stattfindet oder wenn die dienstbaren Geister bei Hochzeiten vom Obergeschoss aus Rosen in die Menge werfen. Für unsere Hommage an Prinzessin Caroline zauberten sie ein fulminantes Menü und deckten den Tisch (siehe S. 2) mit historischem Porzellan und Rosen aus der Nähe des Prinzenpalais, die dort wie wohl schon vor 200 Jahren üppig blühen.

Kaninchenterrine mit Pistazien

4 Kaninchenrückenfilets
200 g frische Gänsestopfleber
100 g frische Kaninchenleber
4 cl Cognac
½ Bund Petersilie
25 g Pistazien
2 EL Puderzucker
2 EL Schlagsahne

Gewürzmischung
5 cl weißer Portwein
½ l Weißwein
1 EL Salz
1 Prise Zucker
1 TL weißer Pfeffer aus der Mühle

Pistazieneis
50 g Pistazienkerne
250 g Schlagsahne
1 Vanilleschote
50 g brauner Rohrzucker
3 Eigelb

kandierte Pistazien
25 g gehackte Pistazienkerne
20 g Puderzucker

Von der Gänsestopfleber und der Kaninchenleber die Haut abziehen sowie Blutadern und Sehnen entfernen. Beide Lebersorten in eine Schüssel geben. Für die Gewürzmischung alle Zutaten miteinander verrühren und das Ganze über die Leber geben, so dass diese gut bedeckt ist. Einen noch kräftigeren Geschmack erreicht man durch Zugabe von Cognac. Die Schüssel mit Klarsichtfolie abdecken und die Leber einen Tag durchziehen lassen.
Den Sud abgießen und die Leber trockentupfen.
Die Kaninchenleber in einer Küchenmaschine mit der Schlagsahne zu einer feinen Pastete kuttern. Die Kaninchenfilets entsehnen, pfeffern und salzen, in Geflügelbrühe 3 Minuten bei 80 °C garziehen. Petersilie fein hacken und Filets darin wälzen. Gänse- und gekutterte Kaninchenleber mit Kaninchenfilets in der Mitte liegend erst in Klarsichtfolie, dann in Alufolie einrollen. Folien an den Enden fest zusammendrehen. Terrine nun im 50 °C warmen Wasserbad 40 Minuten lang pochieren. Mindestens einen Tag kaltstellen.

35 g Pistazienkerne im Mixer mahlen. Vanillemark aus der Schote ziehen. Mark mit Sahne und braunem Zucker aufkochen. Die gemahlenen Pistazien dazugeben und zwei Stunden ziehen lassen. Diese Masse durch ein feines Sieb geben und mit dem Eigelb über einem warmen Wasserbad zu einer cremigen Masse aufschlagen. Abkühlen lassen. Die Masse in der Eismaschine gefrieren lassen oder ins Gefrierfach stellen und bis zum Festwerden alle 10—15 Minuten durchrühren. Kurz vor Vollendung die restlichen Pistazienkerne dazugeben.
Puderzucker karamellisieren lassen, gehackte Pistazienkerne dazugeben. Von der Flamme nehmen und abkühlen lassen.

Getrüffeltes Kalbsfrikassee mit Flusskrebsen und Blutorangen-Mousseline

400 g Kalbsfilet
½ l Kalbsbrühe
16 fangfrische Flusskrebse
10 g Albatrüffel
200 g Röstgemüse: Staudensellerie, Möhren, Zwiebeln
1 TL Pfefferkörner
1 Lorbeerblatt
200 ml weißer Portwein
1 EL Balsamico Bianco
1 TL Schnittlauchröllchen
150 g Butter
1 TL Schalottenwürfel
200 g Pfifferlinge
200 g junger, kleinblättriger Spinat
½ Knoblauchzehe
Olivenöl, Salz, Pfeffer aus der Mühle, Muskatnuss

Sauce Blutorangen-Mousseline
150 g Butter
3 Eigelb
1 EL Weißwein
1 EL Kalbsbrühe
Salz
Saft von 1 Blutorange
2 EL Zitronensaft
3 EL geschlagene Sahne

Das Kalbsfilet von allen Seiten leicht anbraten, salzen und pfeffern. Würfel von Staudensellerie, Möhren und Zwiebeln in Fett anrösten. Pfefferkörner sowie Lorbeerblatt zum Röstgemüse geben. Kalbsfond erhitzen und dazugeben und das Ganze 12 Minuten leicht köcheln lassen. Fleisch herausnehmen und warm stellen. Den Kalbsfond passieren. Für die Sauce den Portwein auf ein Viertel reduzieren, den Kalbsfond dazugeben und weiter einköcheln lassen. Mit dem Balsamico-Essig vollenden und mit Pfeffer abschmecken.

Die Flusskrebse im kochenden Salzwasser 2 Minuten köcheln lassen, in Eiswasser etwas abkühlen. Die Schwänze auslösen und warm stellen.

Die Pfifferlinge mit den Schalotten und der Butter kurz sautieren, mit Salz und Pfeffer würzen.

Den Spinat in einer mit Knoblauch ausgeriebenen Sauteuse in heißem Olivenöl anschwenken. Mit Salz und Muskat würzen. Das Fleisch aufschneiden.

Für die Blutorangen-Mousseline die Butter bei geringer Hitze zerlassen. Eigelb, Weißwein, Kalbsbrühe im warmen Wasserbad cremig aufschlagen. Die zerlassene Butter tropfenweise langsam unterziehen. Die Sauce im Wasserbad weiter aufschlagen, so dass sie eine cremige Konsistenz bekommt.
Den Saft der Blutorange unterheben, sowie mit Salz und Zitronensaft abschmecken. Die Mousseline immer erst kurz vor dem Servieren herstellen.

Pfifferlinge und Spinatblätter im tiefen Teller anrichten. Fleisch und Flusskrebsschwänze dazugeben, üppig mit Sauce begießen und mit Blutorangen-Mousseline und gehobeltem Trüffel garnieren.

Rehnüsschen in Portwein mit Zimtkraut

12 Rehnüsschen-Medaillons
à 40 g
Olivenöl, Salz, Pfeffer
geklärte Butter

Gewürzmischung
4 EL gehackte Petersilie
4 Wacholderbeeren
4 Pfefferkörner
4 EL karamellisierter Sesam
½ Chilischote

Zimtkraut
1 kleiner Rotkohl ca. 750 g
2 EL Gänseschmalz
2 EL Butter
1 Zwiebel, Lorbeerblatt, Nelke
2 EL Rotweinessig
2 Äpfel
Salz, Pfeffer, Zucker, Zimt
150 ml Apfelsaft
2 EL Johannisbeer-Gelee

Kräuter-Seitlinge
12 Kräuter-Seitlinge
2 Schalotten
2 EL Butter
2 EL Schnittlauchröllchen
Pfeffer, Salz, Muskat

Portweinsauce
3 Schalotten
300 ml Wildfond (dunkel)
100 ml Portwein
6 Pfefferkörner zerstoßen
1 Thymianzweig
40 g Butter
Zucker, Salz, Pfeffer

Für die Gewürzmischung Pfefferkörner und Wacholderbeeren im Mörser fein zerstoßen, die anderen Gewürze dazugeben.

Die Rehrückenfilets mit Salz und Pfeffer würzen, 1-2 Minuten in heißem Olivenöl beidseitig anbraten, so dass sie innen noch blutig sind. Medaillons durch die geklärte Butter ziehen und in der Gewürzmischung wälzen. 2-3 Minuten im Ofen bei 160 °C garen. Medaillons herausnehmen und ruhen lassen.

Für das Zimtkraut Rotkohl putzen, äußere Blätter entfernen, den Kohl vierteln und den Strunk herausschneiden. Dann den Kohl in feine Streifen schneiden. Schmalz und Butter in einem großen Topf zerlassen. Zwiebeln würfeln und darin anschwitzen. Kohl dazugeben und gut anschwitzen. Mit Rotweinessig und Apfelsaft ablöschen. Die Zwiebeln mit Lorbeerblatt und Nelken spicken, dazugeben. Mit Johannisbeergelee, Zucker sowie Salz und Pfeffer aus der Mühle würzen. 30 Minuten zugedeckt köcheln lassen. Äpfel schälen und mit einer Küchenreibe raspeln. Dazugeben und weitere 15 Minuten auf kleiner Flamme köcheln. Mit Zimt abschmecken.

Für die Kräuter-Seitlinge die Schalotten würfeln, glasig in heißer Butter anschwitzen. Pilze dazugeben, kurz anschwenken. Mit Salz, Pfeffer und Muskat würzen. Schnittlauch vor dem Servieren dazugeben.

Für die Portweinsauce Schalotten schälen, in Ringe schneiden und in 20 g heißer Butter anschwitzen. Zucker, Gewürze und Thymian dazugeben. Mit Wildfond und Portwein ablöschen. Alles bei geringer Hitze auf die Hälfte der Flüssigkeit reduzieren.
Diese nun durch ein Sieb passieren. Nochmals etwas reduzieren und mit Salz und Pfeffer aus der Mühle abschmecken, vorher die Sauce mit kalter Butter binden.

Schokoladentrüffeleis

Eis
3 Eigelb
1 Ei
120 g Bitterschokolade
90 g Schokoladenraspel
250 ml Schlagsahne
30 g Trüffelspäne/-öl
Puderzucker
Gold- und Silberflocken

Kirschsauce
150 g Sauerkirschen, entsteint
2 EL Zucker
1 Spritzer Zitrone
4 frische Kirschen mit Stiel

Baiserkugel
2 Eiweiß
100 g feiner Zucker
1 Prise Salz
3-4 Tropfen Zitronensaft

Eigelb, Ei und Zucker im Wasserbad warm aufschlagen, so dass die Masse gut schaumig wird.
Die Bitterschokolade vorher langsam schmelzen lassen. Eischaum vorsichtig unter die zerlassene Schokolade heben, danach die geschlagene Sahne unter die Ei-Schokoladenmasse geben. In der Eismaschine die Schokoladenmasse gefrieren. Kurz vor Vollendung die Hälfte der Schokolade raspeln und die Trüffelspäne oder das -öl dazugeben. Sollte keine Eismaschine vorhanden sein, gibt man die Menge ins Gefrierfach und rührt sie bis zum Festwerden alle 10—15 Minuten gut durch. Eis aus der Maschine nehmen. Nach ca. zwei Stunden aus der Masse 4 gleiche Kugeln kellen. Diese an der unteren Seite glattstreichen. Mit Kakao bestreuen und wieder einfrieren.

Die Sauerkirschen mit dem Zucker langsam einköcheln. Das Ganze mit dem Stabmixer pürieren und danach durch ein feines Sieb passieren. Dies nun mit einem Spritzer Zitrone abschmecken und kühlstellen.

Für das Baiser Eiweiß mit der Prise Salz und Zitronensaft in eine trockene Schale geben. Dann mit dem Schneebesen die Masse aufschlagen. Nun vorsichtig und unter ständigem Schlagen den Zucker unter die Masse einrieseln lassen. Solange schlagen, bis sich der Zucker gelöst hat und aus der Masse eine glänzende Creme entstanden ist. In einen Spritzbeutel geben und kleine Kugeln auf das mit Backpapier ausgelegte Backblech spritzen. Das Baiser im Ofen ca. 2 Stunden bei 100 °C trocknen lassen.

Eis aus dem Tiefkühlfach nehmen, auf das Anrichtegeschirr setzen. Den Rest der Schokoladenraspeln auf das Eis geben und mit einer Kirsche verzieren. Danach die Kirschsauce über das Eis träufeln. Dessert mit Puderzucker sowie Gold- und Silberstaub zum Erleuchten bringen und die Baiserkugeln dazugeben.

Schloss Freudenberg Wiesbaden

Experimentieren mit allen Sinnen

Ein exzentrisches Liebespaar – er: ein in Wiesbaden geborener Maler schottischer Abstammung, sie: eine luxusgewohnte Französin – verwirklichte 1904–05 nahe Wiesbaden mit dem Bau von Schloss Freudenberg seinen Traum vom irdischen Paradies. Hier, auf dem Freudenberg oberhalb von Dotzheim wollte James Pitcarn-Knowles (1863–1954) mit Marie Eugénie Victoire Guérinet (1870–1959) sesshaft werden. Die Tochter Napoléons III. und einer Hofdame war frisch geschieden von einem Marquis und frei von materiellen Sorgen. Um das Wohlergehen des Paares kümmerten sich 30 Bedienstete, einmal im Jahr kam eine Kutsche mit Geld aus Frankreich und einmal im Monat eine weitere aus Frankreich über den Schweizer Konsul, munkelte man.

Schloss Freudenberg geht auf Paul Schultze-Naumburg (1869–1949) zurück, der hier seinen ersten großen Bauauftrag hatte und bald zum deutschlandweit gefragtesten Schöpfer gehobener Wohnbauten und Schlösser wurde. Auf dem Freudenberg schuf er auf Wunsch der Bauherren nach eigener Aussage *„ein straff in die Höhe gerichtetes Palais von kühler, gemessener Haltung"*. Streng genommen handelt es sich weder um ein Schloss noch um ein Palais, weil die Auftraggeber keine Adeligen waren – genau so wenig wie das Palais Salfeldt (siehe ab S. 56) –, dennoch ist die Bezeichnung „Schloss" angesichts seine Größe von über 22 x 21 x 17 Metern auf 1600 Quadratmetern und mit 58 Räumen durchaus gerechtfertigt. Allein die Eingangshalle misst 9,5 x 9,5 Meter.

Wichtig war den Bauherren auch der Fernblick, damals noch bis zum Rhein, und die Ausrichtung nach der Sonne: Am Tag der Sommersonnenwende fängt das Giebelfenster der Südseite die Sonnenstrahlen so ein, dass die Mitte des Schlosssaals wie von Zauberhand beleuchtet wird.

Doch das Glück des Paares währte nicht lange, zumal Pitcarn-Knowles psychisch labil war. Nach drei Jahren kam es zur Trennung und zum Verkauf des Schlosses. 85 Jahre und zahllose Besitzer und

Nutzer später stand das Schloss *„vermauert und vernagelt in einem heruntergekommenen Parkgelände und wartete darauf, wachgeküsst zu werden."* (Prof. Emil Hädler), bis die Gesellschaft für Natur & Kunst e. V. es auf Initiative der Mitbegründer Matthias Schenk und Beatrice Dastis Schenk 1993 aus dem Dornröschenschlaf weckte. Seit 1995 unterstützt die Deutsche Stiftung Denkmalschutz die Sanierung; 2008 wurde unter ihrem Dach die Denkmalstiftung-Schloss-Freudenberg ins Leben gerufen. Spenden und Zustiftungen sind willkommen. Das Konzept des Vereins, Schloss und Park in ein „Erfahrungsfeld zur Entfaltung der Sinne und des Denkens" zu verwandeln, findet großen Anklang. In dem Ambiente des neoklassizistischen Denkmals entstand ein Erlebnisort, an dem man an über 160 Stationen die fünf klassischen Sinne und darüber hinaus den Ich-Sinn oder den Wir-Sinn bewusst wahrnehmen und üben kann. Dazu laden unter anderem der Barfuß-Pfad, der Klangraum, die Windharfe, der Pendel-Stein und Mitmach-Führungen ein. Und was schärft den Geschmackssinn mehr als das Rätselraten um das Säfte-Trio in der DunkelBar oder die Bestandteile des Nacht-Mahls in totaler Finsternis? Aber auch das SchlossCafé bietet viel für die Sinne: seltene Kaffeezubereitungen wie den Cold Drip, den „Bienenschmaus" mit Freudenberger Honig und hervorragenden Kuchen. Ein Augenschmaus für den Raumsinn ist der Pilastersaal selbst mit seinen goldenen Kapitellen und dem Blick ins Grüne.

NachtMahl
bitter – süß – verspielt

150 g Ziegenkäse
1 EL Schmand
3 Thymianstengel
3 Chicorées
1 große rote Zwiebel
3 EL Olivenöl
1 EL Himbeeressig
1 Prise Salz
30 g Mandelstifte
1 EL Honig

Den Ziegenkäse zerkleinern und mit etwas Schmand und gehacktem Thymian zu einer geschmeidigen Masse vermengen. Walnussgroße Ziegenkäse-Nocken auf die Chicoréeblätter geben. Die Zwiebel in dünne Scheiben schneiden, in Olivenöl anbraten und mit Himbeeressig ablöschen, sirupartig einkochen, etwas salzen.

Abgekühlte Zwiebelscheiben auf den Ziegenkäse geben und mit gerösteten Mandeln, etwas Honig und Schnittlauch garnieren.

Viele Variationen sind durch Austausch von Thymian und Mandeln möglich — z.B. durch Estragon, Buchweizen, Mohn, Haselnüsse etc.

Die Idee zu DunkelBar und NachtMahl entstand 1993, als Vereinsmitglieder das damals verbarrikadierte Schloss Freudenberg betraten und im Dunkeln standen. Seit 2005 finden im sanierten Schloss NachtMahle (vegetarisch, vegan, con carne) statt, angeleitet von einfühlsamen, teilweise sehbehinderten Mitarbeitern. Das „NachtMahl in Blau“ beginnt mit einer themenbezogenen Führung.

NachtMahl
erfrischend – vertraut – famos

70 g geräucherte Forelle
1 TL roter Pfeffer
1 TL Salz
1 EL Schnittlauch
6 Mini-Schlangengurken
1 kleiner Bund Dill
3 EL Schmand
1 TL Zitrone
1 EL Meerrettich

Hefebänder:
1 kg Mehl
½ Würfel Hefe
625 ml lauwarmes Wasser
30 g Zucker
30 g Salz
2 EL Olivenöl
1 EL schwarzer Sesam

Mini-Schlangengurken in daumendicke Scheiben schneiden und mit einem Teelöffel einseitig aushöhlen. Die Räucherforelle zerkleinern, mit Schmand, Meerrettich, rotem Pfeffer, Schnittlauch, Zitronensaft und Salz vermengen. Kleine Nocken formen und in die Gurkenstücke füllen. Mit Dill ausgarnieren.

Für die Hefebänder alle Teigzutaten zu einem geschmeidigen Hefeteig verarbeiten. Den Teig dünn (2—3 mm) ausrollen, in beliebige Formen schneiden. Die Teiglinge mit Wasser besprühen und anschließend mit schwarzem Sesam bestreuen. Bei 180 °C bei vorgeheiztem Backofen 5—7 Minuten goldbraun ausbacken.

„Wenn das Auge ruht, schmeckt uns die Welt entgegen.“ Unter diesem Motto kann man beim NachtMahl auf Schloss Freudenberg eine Geschmacksreise zu fünf Stationen mit regionalen, saisonalen und biologischen Lebensmitteln erleben. Getränke gibt es in Rot, Blau und Weiß. Werden Sie die Farbe erschmecken? In absoluter Finsternis erleben Sie Nährendes so intensiv wie nie zuvor.

NachtMahl exotisch – pikant – knusprig

250 g rote Linsen
125 g Mango-Chutney
250 ml Tomatenwürfel
1 kleine Zwiebel
2 Zehen Knoblauch, gehackt
2 TL frischer Ingwer, gehackt
1 l Gemüsebrühe
½ TL rote Currypaste
2 EL Ghee oder Öl
1 Msp. Cumin, gemahlen
je ½ TL Garam Masala, Curcuma, Curry, Salz
3 Kaffir-Limetten-Blätter
1 TL Butter
Saft einer Limette
½ Bund frischer Koriander

Apfel-Senf-Dressing oder eine andere Salatsauce

4 Papadams
etwas frischer Koriander
8 Cocktailtomaten, geviertelt

Zwiebel, Knoblauch und Ingwer in Ghee oder Öl anschwitzen. Nach kurzer Zeit die Currypaste und die Gewürze dazugeben und kurz mit angehen lassen. Danach das Mango-Chutney, die Tomatenwürfel und die Kaffir-Limetten-Blätter unterrühren, mit der Brühe aufgießen und alles fünf Minuten köcheln lassen.
Die Kaffir-Limetten-Blätter herausnehmen und alles mit dem Zauberstab pürieren. Die Linsen dazugeben und rund 20 Minuten unter ständigem Rühren solange köcheln lassen, bis die Linsen noch leicht bissfest sind. Falls nötig, noch etwas Wasser hinzugießen. Zum Schluss einen Teelöffel Butter beigeben.
Das Ganze abkühlen lassen und vor dem Servieren den Koriander, den Limettensaft und etwas Salatsauce untermischen.

Jeden Papadam mit Hilfe von zwei asiatischen Sieblöffeln oder zwei kleinen Suppenkellen durch Eintauchen in heißes Öl in Form bringen. Kurz abkühlen lassen und die Linsenmischung hineingeben. Zum Schluss die Cocktailtomatenstücke in gehacktem Koriander wälzen und auf dem Linsensalat anrichten.

Das Freudenberger NachtMahl ist ein Fest für die Sinne. Es bringt die Teilnehmer zum Innehalten und dazu, das servierte Essen, ohne es zu sehen, dafür umso aufmerksamer mit den anderen Sinnen zu genießen und die Geschmacksnuancen – zunächst schweigend – zu ergründen. Es erfordert Mut und Vertrauen, sich darauf einzulassen. Der Lohn: ein intensiverer Genuss und ein bleibender Eindruck.

Steinhäuser Hof Neustadt/Weinstraße

Im Reich des Fachwerks und Genusses

Fachwerk so weit das Auge reicht: Neustadt an der Weinstraße zieht die Besucher mit dem ältesten und größten Bestand an Fachwerkhäusern der Pfalz in seinen Bann. Im Stadtgebiet stehen über 900 Kulturdenkmale, beispielsweise das Hambacher Schloss. Großes Glück hatte die Stadt 1689 im Pfälzischen Erbfolgekrieg. Der Legende nach blieb sie verschont, weil die Stadtväter die schöne Bürgerstochter Kunigunde Kirchner (1671–1709) vorschickten, um den General Johann Peter de Werth um Gnade zu bitten. Sie verliebten sich ineinander und heirateten. Da die Stadt auch spätere Kriege weitgehend unversehrt überstanden hat, blieb hier viel mittelalterliche und frühneuzeitliche Bausubstanz erhalten.
Ein architekturhistorisches Juwel liegt gegenüber der Rathausnordseite in Verlängerung der Stiftskirche: der Steinhäuser Hof (vormals Kuby'scher Hof) in der Rathausstraße 6. Wie auf einem Spitzweg-Gemälde gruppieren sich um einen Innenhof sieben Gebäude verschiedener Epochen. Neben ihrer Nutzung durch die Stadtverwaltung mit Büros und dem Standesamt wird es wie einst wieder gastronomisch genutzt. Und wie! Unter der Leitung der Inhaber Hedi und Hanno Rink haben seit 2006 im Gotischen Haus „Die Urgestein-Bar“ mit Vinothek und im Rückgebäude das Hotel Steinhäuser Hof mit dem renommierten Restaurant Urgestein – seit 2014 vom Guide Michelin mit einem Stern ausgezeichnet – ihr Domizil gefunden. Unterm Sternenhimmel im Innenhof mit seiner guten Akustik oder unterm Kreuzgewölbe des Restaurants kann man auch Jazzkonzerten des Jazz-Clubs NW e.V. lauschen.

Der Kern dieses wohl ältesten Pfälzer Bürgerhofs ist das Gotische Haus, das durch Treppengiebel, Massivbauweise und Zwillingsfenster mit Maßwerk auffällt. Seine Entstehung konnte man durch die Jahresringmessung auf die Zeit ab 1276 bestimmen. Erst ein Jahr zuvor hatte Neustadt von den Wittelsbachern die Stadtrechte verliehen bekommen. Im Laubengangbau ist seit 1604 die Herberge „Zum Löwen“ bekannt – eine Reverenz an Neustadts Wap-

Eymann

pentier – der spätere Gasthof „Zum goldenen Löwen". Am 1570 datierten Torhaus heißt noch immer ein goldener Löwenkopf die Besucher willkommen. In den früheren Herbergszimmern des Laubengangbaus lagen einst Strohsäcke, wie Hanno Rink zu berichten weiß. Auch die historische Gaststätte, die der Stadtrat für Sitzungen nutzt, blieb erhalten, und mit ihr ein vergessener Goldschatz aus dem 17. Jahrhundert, der nun vollends geschützt im Historischen Museum der Pfalz in Speyer verwahrt wird.

Während der Wiederherstellung des Ensembles 1985–95 unterstützte die Deutsche Stiftung Denkmalschutz die Fertigstellung des Bauabschnitts II. Ganz in der Nähe förderte sie auch die Stiftskirche und das älteste Fachwerkhaus der Pfalz von 1382/84 in der Metzgergasse 3.

Faszinierendes aus seiner Baugeschichte ist am Steinhäuser Hof überall zu entdecken: zwei aneinanderstoßende Hauswände in der Decke des Barvorraums, ein verglastes Guckloch zum Keller, Steinmetzzeichen etc. Im Wirtschaftsgebäude von 1809 wurde aus der Wagenremise mit Backsteingewölbe ein stilvolles Restaurant, aus dem Pferdestall das Entrée und aus Wohnräumen der Spiegelsaal. Die Küchenchefin Hedi Rink wartet mit einer avantgardistischen Liaison aus Pfälzer und internationalen Inspirationen auf, serviert als Menüs „Grundstein" oder „Meilenstein" und als Überraschungsmenü „Urvertrauen".

Souffliertes Ei mit Schinkenschaum

Schinkenschaum
400 ml kräftiger Schinkenfond
100 g Crème fraîche
3 Blatt Gelatine
evtl. Salz
0,5 g Xanthan (Bindemittel)

Souffliertes Ei
4 Eier
1 Prise Salz

Wildkräutersalat
bunte Kräuter
Räucheröl
Sushiessig
Salz, Pfeffer

optional:
100 g Belugalinsen
Olivenöl
Schalotten
Knoblauch
Salz, Pfeffer, Koriander
1 EL Tomatenextrakt

Für den Schinkenschaum Fond aufkochen, Crème Fraîche und aufgelöste Gelatine hinzugeben. Xanthan unterarbeiten und in eine iSi-Flasche (Espumasprayer) füllen. Damit der Schinkenschaum warm bleibt, bis zum Servieren ins warme Wasserbad stellen.

Für das soufflierte Ei Eiweiß schlagen, zur Hälfte in eine kleine Auflaufform füllen, eine Mulde hineindrücken, Eigelb hineingeben und mit dem restlichen Eiweiß abdecken. Bei 80 °C 8 Minuten im Ofen dämpfen.

Für den Wildkräutersalat Dressing aus Öl, Essig und Gewürzen herstellen und den Salat damit marinieren.

Als Beilage eignen sich Belugalinsen. Hierfür Schalotten und Knoblauch fein würfeln, in Olivenöl andünsten, Linsen hinzufügen und ein wenig mit andünsten. Mit Gemüsebrühe aufgießen und garen. Abgießen, Fond aufbewahren. Beim Anrichten ein wenig Fond aufwärmen mit Tomatenextrakt verrühren und Linsen hineingeben. Mit gemahlenem Koriander, Salz und Pfeffer abschmecken.

Rinderrippe mit Süßkartoffelflan und Chicorée

Rinderrippe

2 Lorbeerblätter
1 EL schwarzer Pfeffer
1 EL weißer Pfeffer
1 EL Kampot Pfeffer
1 TL Wacholderbeeren
1 TL Thymian
4 EL Meersalz

Süßkartoffelflan

150 g gegarte Süßkartoffeln
50 g Kochwasser
1 g Xanthan (Bindemittel)
2 Eigelb
1 geschlagenes Eiweiß
50 g Crème fraîche
100 g braune Butter
Salz, Ingwer

Zwiebelcreme

1 kg Zwiebeln
Zucker
Salz
Kümmel
2 EL Butter
8 g Agar Agar
Geflügelbrühe

3 Chicorées

Für die Rinderrippe die Gewürze zerkleinern, einen Rub (Trockengewürzmischung) herstellen, Rinderrippe damit einreiben, scharf anbraten und für 10 Stunden auf 80 °C im Ofen im Bratschlauch vakuumgaren.
Aus den Parüren und Rippenknochen eine Jus herstellen.

Für den Süßkartoffelflan alle Zutaten bis auf das Eiweiß fein pürieren, mit Salz und Ingwer nach Gusto würzen. Eiweiß steifschlagen und unterheben.
Masse auf ein mit Backpapier ausgelegtes Bachblech streichen und 30 Minuten bei 90 °C im vorgeheizten Ofen pochieren. Mit Plätzchenformen ausstechen.
Süßkartoffeln als Chips: Teig dünn aufschneiden und frittieren.

Für die Zwiebelcreme Zwiebeln in Würfeln schneiden, mit Zucker, Salz und Kümmel würzen, Butter schmelzen und alles zusammen vermischen und im vorgeheizten Ofen auf einem unteren Blech bei 160 °C ca. 25 Minuten dunkel rösten. Zwiebelstücke absieben, damit kein Fett in die Creme kommt. Den Bratverlust mit Geflügelbrühe auf 1 Kilogramm wieder auffüllen. Mixen. Dann alles zusammen mit Agar Agar aufkochen, kalt werden lassen, dann nochmals aufmixen.

Chicorée getrocknet: Chicorée in Scheiben aufschneiden, dünn mit Puderzucker von beiden Seiten bestreuen und bei 50 °C im vorgeheizten Ofen trocknen.

Chicorée als Salat: Chicorée in grobe Stücke schneiden, mit Zwiebelöl, Salz, Pfeffer und Zucker würzen und wie Krautsalat kurz kneten.

Chicorée als Gemüse: Zucker karamellisieren, mit Zwiebelbutter ablöschen und den fein geschnittenen Chicorée nur kurz darin schwenken.

Bärenmarke zum Kaffee

Kaffeekuchen
2 EL Kakao, 60 g Puderzucker, 3 EL Vanillezucker, 3 EL löslicher Kaffee, 4 EL Kahlúa (Kaffeelikör) 50 g gemahlene Mandeln, 250 g weiche Butter 200 g Zucker, 3 Eier, 4 Eigelb, 250 g Mehl, 2 TL Backpulver

weiße Ganache als Überzug
90 g Kaffeesahne
150 g weiße Kuvertüre
eine Handvoll Kaffeebohnen

Kaffeegelee
300 ml Espresso, 200 g Läuterzucker, 100 ml Kahlúa, 1 Blatt Gelatine, 2 g Agar Agar

Kaffeestreusel
90 g Mehl, 30 g Kakao
1 TL Instantkaffee
80 g Zucker, 70 g Butter, Salz

Kaffeekrokant
Zucker, Isomalt, Glukose, Butter, 2 EL Instantkaffee

Kaffeeschaum
300 g Milch, 2 EL Instantkaffee, 200 g Sahne, 50 g weiße Schokolade, 50 g Zucker
0,5 g Xanthan, 3 Blatt Gelatine

Fortsetzung auf Seite 97

Kaffeekuchen: Kaffee im Kahlúa auflösen, Kakao, Mandeln, Puder- und Vanillezucker unterrühren und die Mischung für eine Stunde in den Kühlschrank stellen. Aus den übrigen Zutaten einen Rührteig herstellen, Kaffeemischung unterheben. Bei 170 °C im vorgeheizten Ofen 50 Minuten backen.

Ganache: Sahne mit den Kaffeebohnen luftdicht verpacken und bei 80 °C 10 Minuten dämpfen.
Sahne aufkochen, vom Herd nehmen und Kuvertüre unterrühren.

Kaffeegelee: bis auf die Gelatine alles aufkochen, von der Flamme nehmen. Gelatine hinzufügen und durch ein Sieb flach auf eine Platte gießen.

Kaffeestreusel: alle Zutaten vermengen und im Ofen bei 150 °C ca. 25 Minuten backen.

Kaffeekrokant: Zuckersorten in gleichen Teilen mischen. Wenig Wasser und Zucker karamellisieren. Butter und Instantkaffee dazugeben. Auf ein Blech schütten, erkalten lassen und zu Pulver mahlen.

Kaffeeschaum: Milch, Kaffee, Sahne, Zucker und Xanthan aufkochen. Schokolade und aufgelöste Gelatine einrühren. In einen Espumasprayer (iSi-Flasche) füllen, mit zwei Kapseln begasen.

Fortsetzung von Seite 95

Kaffeemousse
5 Eigelb
80 g Zucker
200 g Schokolade (75%)
60 g Kaffee
3 EL Instantkaffee
125 g Sahne
5 Eiweiß
1 Prise Meersalz

Bärenmarke-Buttercreme
300 g Bärenmarke
300 g Zucker
9 Eier
3 Blatt Gelatine
435 g kalte Butter

Kahlúa-Gel
200 g Kahlúa
100 g Läuterzucker
2 g Agar Agar, 1 Prise Xanthan

Kaffee-Macaron
160 g Mandelmehl
160 g Puderzucker
2 EL löslicher Kaffee
110 g Eiweiß
170 g Zucker
50 ml Wasser

Getrockneter Bärenmarke-Chip
250 g Bärenmarke
Prise Xanthan
25 g Glukosepulver

Benötigt einige Stunden Ruhe.
Kaffeemousse: Eigelb mit Zucker über Wasserbad aufschlagen (60 °C). Dann kaltschlagen. Schokolade über Wasserbad schmelzen. In den Kaffee den Instantkaffee einrühren und mit der geschmolzenen Schokolade glattrühren. Erst Eigelbmasse, dann geschlagene Sahne unterrühren. Zum Schluss Eiweiß aufschlagen und unterheben. Dann für mehrere Stunden in den Kühlschrank.

Bärenmarke-Buttercreme: Bärenmarke, Zucker und verquirlte Eier aufkochen, vom Herd nehmen, aufgelöste Gelatine unterarbeiten und nach und nach Butter einrühren. Braucht mehrere Stunden im Kühlschrank.

Kahlúa-Gel: Alles aufkochen, erkalten lassen und aufmixen.

Kaffee-Macaron: Mandelmehl und Puderzucker vermengen. 60 g Eiweiß mit 20 g Zucker anschlagen, übrigen Zucker und Wasser auf exakt 115 °C erhitzen. Zuckermasse ins Eiweiß gießen und schlagen, bis sie kalt ist.
Mandelmehl-Puderzuckermischung mit restlichem Eiweiß vermischen. Kaffee hinzufügen. Nach und nach Zucker-Eiweißmischung unterheben. Macarons aufspritzen, ca. 15 Minuten antrocknen. Auf 140 °C im vorgeheizten Ofen ca. 14 Minuten backen.

Bärenmarke-Chip: Alles auf 60 °C erhitzen, aufschäumen, kurz setzen lassen und bei 50 °C trocknen.

Gasthof zum Hirsch Fürstlich Drehna

Landidyll neben Renaissanceherrlichkeit

Alle drei Straßen nach Fürstlich Drehna im südbrandenburgischen Landkreis Dahme-Spreewald führen zum Marktplatz, um den sich die Kirche, die „Alte Schule", das Gärtnereihaus und der Gasthof zum Hirsch gruppieren. Ein Schloss, auf das der Zusatz „fürstlich" verweist, sucht man zunächst vergeblich. Doch halt! Von hohen Linden fast verborgen erahnt man einen Torturm mit Laterne, der zu einem strahlend weißen, seit der Renaissance immer wieder ausgebauten Wasserschloss gehört. Seit 2007 hat hier das märchenhafte Schlosshotel Fürstlich Drehna seine Pforten geöffnet.
Nachdem das bedeutende Gebäudeensemble lange vernachlässigt worden war und schon Spekulanten ihre Fühler ausgestreckt hatten, kam ab 1992 die Rettung durch die Deutsche Stiftung Denkmalschutz, die zunächst am Schloss das Aufmaß und die Beseitigung von Einbauten aus DDR-Zeiten vornehmen ließ. 1995 übernahm die Brandenburgische Schlösser GmbH, eine gemeinnützige Gesellschaft der Deutschen Stiftung Denkmalschutz und der Landesregierung, das Schloss, seine barocken Nebengebäude und den Gasthof und sanierte sie. Daraus erwuchs bis zum Ende der Arbeiten im Jahr 2007 ein beachtliches Auftragsvolumen: rund 1500 Einzelaufträge für 400 Betriebe der Region. Mittel der Schlösser GmbH fließen weiterhin in Erhalt und Pflege der Gebäude und des ab 1807 gestalteten Landschaftsparks. Langfristig entstehen auch durch das touristische Angebot in den Denkmalen vermehrt Arbeitsplätze.

Seit 1997 betreibt Familie Binde den historischen Gasthof mit idyllischem Biergarten und gemütlicher Pension, inzwischen in zweiter Generation, und schreibt seine Geschichte fort: als Gastwirte, Caterer und Veranstalter von Konzerten, Kabaretten, Theaterdinnern und Hochzeiten. Der Veranstaltungssaal mit Bühne aus dem Jahr 1920 ist der ganze Stolz des Seniorchefs und früheren Ortsbürgermeisters Frank-Wilhelm Binde. Wo gibt es das noch einmal, einen Saal in Gestalt eines umgedrehten Schiffsrumpfs mit Bullaugen im

Gasthaus zum Hirsch

Gasthaus zum Hirsch

Tonnengewölbe? Das Kuriosum geht zurück auf einen früheren Besitzer von Fürstlich Drehna, Carl von Waetjen (1859 –1928) aus einer Bremer Reederfamilie. D. H. Wätjen & Co. war bis zum 1. Weltkrieg die weltgrößte private Segelschiffreederei, die mit Importen aus Amerika und Auswandererüberfahrten reich geworden war. Mit dem Festsaal wollte der 1888 geadelte Carl von Waetjen die Handelsschifffahrt und seine Familie ehren – und wie ein Kapitän auf der Schiffsbrücke konnte er von der Tribüne über dem Tresen seine Gäste begrüßen.

Im urigen Gastraum ist von der einstigen Einrichtung nur der 200 Jahre alte Stammtisch geblieben. Jedoch sorgen Fotos und Sammlerstücke für das Flair der guten alten Zeit, ebenso die Küche mit Zutaten aus der Region und aus eigenem Anbau. Wie bereits zu standesherrlichen Zeiten, als der Gasthof zum Hirsch noch im Besitz der Schlossherren und Schauplatz fürstlicher Jagdfeste war, liegt ein Schwerpunkt auf Wild, das es hier trotz der landschaftlichen Veränderungen durch den Braunkohleabbau noch gibt. Auch das Bier aus der 1745 gegründeten Schlossbrauerei, wie das Odin-Honigbier, ist ein „fürstlicher" Hochgenuss. Doch die Krönung eines Aufenthalts in Fürstlich Drehna, das seinen Namenszusatz dem 1806 gefürsteten Moritz zu Lynar verdankt, ist ein Spaziergang durch den verträumten Schlosspark mit seinen Baumriesen und dem erst 1987 geschaffenen Teich. Idylle pur!

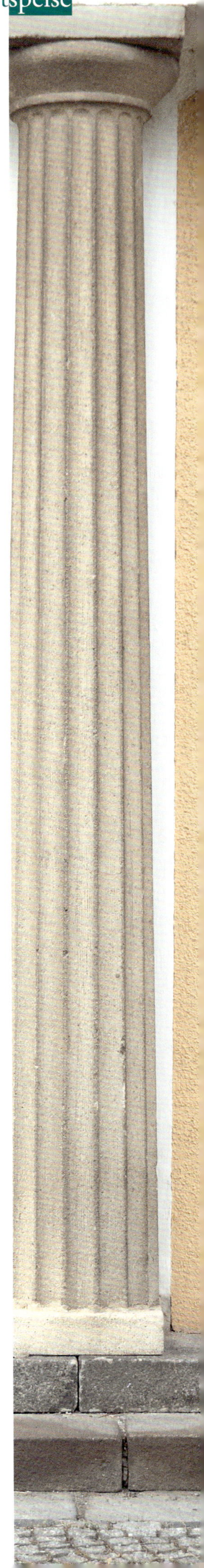

Hirschrouladen mit Maisplätzchen und Rotkrautstrudel

Hirschrouladen

12 Scheiben Hirschoberschale à 100 g
1 Glas Senf
360 g Wildhack, Wurzelgemüse
250 g Spreewaldgurken (Dillschnitten)
100 g geräucherter Bauchspeck vom Wildschwein

Sauce

5 kg zerkleinerte Wildknochen
500 g Zwiebeln, Karotten, Lauch, Fenchel, Staudensellerie, Sellerie
etwas Tomatenmark, Rotwein

Rotkrautstrudel

2 kg Rotkohl
300 g Milchreis
Saft von 3 Orangen
5 Äpfel
250 g fertiger Strudelteig

Maisplätzchen

320 g Maismehl
320 g Mehl
100 g braune Butter
100 g Mehl
150 g Sahne
2 Eier, Salz, Pfeffer, Zucker

Petersilienwurzel-Püree

1 kg Petersilienwurzel
1 Fenchelknolle
1 Zwiebel
0,25 l Schlagsahne
250 g fertiger Strudelteig

Für die Sauce Knochenstücke im vorgeheizten Backofen bei 160 °C ca. 1,5 Stunden rösten. In einem großen Topf Öl erhitzen, Gemüse darin anbraten und mit dem Rotwein ablöschen. Rotwein reduzieren lassen und wenn er verkocht ist, mit Wasser auffüllen. 3–4 Stunden köcheln lassen. Vom Herd nehmen und durch ein feines Sieb passieren.

Für die Hirschrouladen die Scheiben der Hirschoberschale auf der Arbeitsfläche ausbreiten, mit Salz, Pfeffer und Zucker würzen. Auf jedes Fleischstück eine Speckscheibe legen, danach die Gurkenscheiben. Darauf das Wildhackfleisch streichen, einrollen und bei Bedarf mit Küchenschnur binden. Von allen Seiten anbraten. In die fertig gekochte Wildsauce legen und ca. 1,5–2 Stunden bei 160 °C im Ofen schmoren lassen.

Für den Rotkrautstrudel den Rotkohl mit dem Orangensaft, den Apfelstückchen und den Milchreis köcheln lassen, abtropfen lassen und in einem Küchentuch auswringen. Rotkraut in den Strudelteig wickeln. Strudel auf gefettetem Backblech bei 160 °C im vorgeheizten Ofen ca. 40 Minuten backen.

Für die Maisplätzchen die Maismehlmenge halbieren und eine Hälfte zur Seite stellen. Alle übrigen Zutaten vermengen und mit einem Pürierstab 1–2 Minuten fein mixen. Dann die andere Hälfte des Maismehls unterheben und Plätzchen in einer beschichteten und gefetteten Pfanne ausbacken.

Für das Petersilienwurzel-Püree die Petersilienwurzeln, Zwiebeln und den Fenchel kleinschneiden und in einem Topf glasig anschwitzen. Mit Weißwein ablöschen und köcheln lassen. Den reduzierten Weißwein mit Sahne auffüllen und das Gemüse darin weichkochen. Mit Backpapier bedecken, so dass sich darunter die Hitze staut. Wenn alles weichgekocht ist, pürieren.

Hefeplinsen mit Pflaumenmus, Vanilleeis und Limettencreme

Limettencreme
100 g Mascarpone
100 g Zucker
abgeriebene Schale von 1 Bio-Limette

Plinsen
250 ml Milch
150 g Zucker
1 Würfel Hefe
6 Eier
250 g Mehl
je 1 Prise Salz und Zimt nach Geschmack
1 Vanilleschote

½ Glas Pflaumenmus

150 ml Vanilleeis

Für die Limettencreme Mascarpone in eine hohe Schüssel geben. Zucker und abgeriebene Limettenschale dazugeben und mit einem Rührgerät cremig schlagen. Mindestens 1 Stunde kaltstellen.

Für die Hefeplinsen Milch auf ca. 30 °C erhitzen. Zucker einstreuen und die Hefe darin auflösen. Nun die Eier einrühren, dann Mehl, Salz, ausgekratztes Vanillemark und Zimt hinzufügen und alles mit einem Schneebesen oder Handrührgerät gut verrühren.
Der Teig sollte eine zähflüssige Konsistenz haben; ihn ca. 2–3 Stunden gehen lassen.

Eine beschichtete Pfanne mit Pflanzenöl benetzen und einen Plins nach dem anderen von beiden Seiten goldgelb braten, mit Pflaumenmus bestreichen und einrollen.

Das Vanilleeis mit einem Portionierer zu Kugeln formen und anrichten.

Hefeplinsen sind ein typisches Gericht aus dem Spreewald: kleine Pfannkuchen, meist mit Hefe. Die Bezeichnungen variieren regional von „die Plinse", über „der Plins" zu „der Plinz" und sind im östlichen Sachsen und südlichen Brandenburg von dem sorbischen Ausdruck blinc *für „dünner Buchweizenkuchen" entlehnt, der aus den slawischen Sprachen stammt. Unverkennbar ist die Verwandtschaft mit den russischen* blinis.

11
Seit 1584
Husum's ältester Gasthof
Dragseth's Gasthof
Dragseth's Gasthof
seit
1584
Husum's ältester Gasthof

Dragseth's Gasthof Husum

Seit 1584 ein Hort der Gastlichkeit

Ganz in der Nähe des lebhaften Treibens am Binnenhafen in Husum und umgeben von höheren Gebäuden, wie dem Schiffahrtsmuseum Nordfriesland, behauptet sich Dragseth's Gasthof am Zingel als Traditionsgastwirtschaft – und das bereits seit über 530 Jahren. 1582, das Schloss war gerade fertiggestellt, wird er erstmals in einem Dokument im Stadtarchiv erwähnt. Sein Standort in der aufstrebenden Residenz-, Hafen- und Handelsstadt war gut ausgesucht, führten doch von der heutigen Straße namens Zingel (lat. *cingulum* – Gürtel; äußere Burg-/Stadtmauer) die Handelsstraßen weiter nach Eiderstedt und Dithmarschen. Von dort kamen Bauern und Viehhändler und nutzten seit 1584 die neue Ausspannwirtschaft. Da an dieser Stelle in fast lückenloser Folge ein Gasthof belegt ist, ist das Dragseth's Husums ältester Gasthof. Ein Ausspann oder eine Ausspanne bezeichnet einen Gasthof mit Quartier für Fuhrleute und Pferde, die sie aus den Wagen und Kutschen ausspannten und über Nacht im Stall einstellten.

Die breite Toreinfahrt gibt es heute noch. Im Hof, in dem früher die Kutscher „ausspannten", finden im lauschigen Biergarten bis zu 30 Gäste Platz. Hier kann man die Zeit vergessen, so schön sitzt man unter dem Blätterdach des wilden Weins und inmitten von Hortensien, Geranien und Rosen. Die Nachmittagssonne lässt sich vor dem Haus unter Linden genießen. Sein Obergeschoss und die massive Aufmauerung an der Straßenseite erhielt das Fachwerkhaus erst 1794, während auf der Hofseite noch der niedrige Ursprungsbau zu sehen ist. Der gute Erhaltungszustand des Hauses ist nicht zuletzt einer 2001 abgeschlossenen Sanierung zu verdanken, bei der sich die Deutsche Stiftung Denkmalschutz an der statischen Sicherung der Dachkonstruktion beteiligte, nachdem bereits Risse und sich ausbeulende Mauern aufgetreten waren. Ein weiteres Förderprojekt ist das Herrenhaus am Markt 1, das Stadthaus der Herzogin Augusta mit Renaissance-Stuckdecke, die erst 2013 wiederentdeckt wurde und in der dortigen Galerie zu besichtigen ist.

Gruss aus
Dragseths Gasthof,
Husum, Zingel No. 11.

Betritt man in Dragseth's Gasthof die Gaststube, fühlt man sich unter der niedrigen Decke in die Vergangenheit versetzt. Der schwedische Kachelofen stammt nach Einschätzung des Spezialisten Bernd Reimann von etwa 1890 und ersetzte einen Bilegger (Beilegerofen), von dem zwei gusseiserne Ofenplatten erhalten geblieben sind. Eine Platte zeigt das Salomonische Urteil und darunter die Tugendfiguren Hoffnung und Mäßigkeit. Auch die gemauerte Feuerstelle ist noch vorhanden und hat als Geschirrablage eine neue Funktion gefunden.

Seinen Namen trägt der Gasthof übrigens erst seit 1815 durch Ernst Albrecht Heinrich Dragseth, der die damalige Gastwirtstochter heiratete, obwohl auch eine legendenhafte Version der Geschichte kursiert. Ob ein anderer Husumer Zeitgenosse, der sich besonders auf das Schreiben von Legenden verstand – Theodor Storm (1817–88) – hier verkehrte, ist nicht bekannt. Jedoch geben seine Schriften Aufschluss über nordfriesische Mahlzeiten, und im Familienkochbuch von 1847 vermerkte er eigens ein Rezept für das Schmalzgebäck „Futjen". Die nordfriesische, pfiffig interpretierte Hausmannskost, wie sie das Team rund um Dragseth's-Besitzerin Jutta Schubert und ihren Sohn Jan Groß kocht, hätte auch Theodor Storm bestens gemundet.

Halligbrot mal anders

Krabbenknuspersäckchen
150 g Krabben, gepult
4 Wan-Tan-Blätter, gefroren
2 Eiweiß
4 Eier

Schwarzbrotchips
100 g Schwarzbrot

Buttersauce
200 g Butter

Gebackenes Eigelb
2 Eigelb
50 g Paniermehl

50 ml Balsamicoessig
50 ml Sahne
30 g Zucker
50 g Paniermehl

½ Kopf Friséesalat
8 Lorbeerblätter
Nelken, Piment
Salz, Pfeffer

Für die Sauce die Butter in einem Topf erhitzen, bis sie braun ist. Durch ein Tuch oder einen Kaffeefilter geben und beiseitestellen.
Den Balsamicoessig mit den Gewürzen in einen Topf geben und bis zur Hälfte einkochen. Danach die Masse durch ein feines Sieb geben und erkalten lassen.

Für die Schwarzbrotchips das Brot in hauchdünne Scheiben schneiden und auf einem Blech auslegen. Im vorgeheizten Backofen bei 110 °C ca. 30 Minuten backen, bis sie getrocknet und fest sind. Gegebenfalls ein bisschen länger im Ofen lassen.

Für die Krabbenknuspersäckchen 2 Eier trennen und Eiweiß aufbewahren. Eigelb mit der Essig-Reduktion in einem Anschlagkessel im Wasserbad aufschlagen, bis es schaumig ist. Butter hinzugeben und weiter aufschlagen, bis eine cremige Konsistenz erreicht wird.
Die aufgetauten Wan-Tan-Blätter auf ein Brett legen und jeweils ein Viertel der Krabben in die Mitte der Blätter geben. Die Ränder mit dem vorhandenen Eiweiß einstreichen und die Ecken nach oben hin zu je einem Säckchen formen.

Für das gebackene Eigelb 4 Eier mit aller Vorsicht über dem Paniermehl trennen und die Dotter einzeln durch das Paniermehl ziehen.

Krabbensäckchen und panierte Eidotter nach und nach vorsichtig in einer Fritteuse bei ca. 160 °C goldbraun backen.

Salatspitzen waschen und trockentupfen.
Warme Speisen anrichten und mit dem Salat ausdekorieren.

Mit Spinat gefüllte Schollenfiletröllchen auf Kräuterrisotto

800 g Schollenfilet

Spinatfüllung
600 g Spinat
1/2 Zwiebel
1 Knoblauchzehe
Salz, Pfeffer, Muskat

Kräuterrisotto
50 g Butter
2 Gemüsezwiebeln, gehackt
200 g Risottoreis
1 Bio-Limette
jeweils ¼ Bund Petersilie,
Kerbel, Schnittlauch
100 ml Sahne
150 g Butter

Sauce
250 ml Weißwein
100 g Parmesan
1 l Gemüsebrühe
100 ml Fischfond
1 Sternanis

Für die Spinatfüllung Spinat waschen, putzen und von Stengeln befreien. Eine halbe Zwiebel in feine Würfel schneiden und mit dem Spinat und Knoblauch in einem Topf mit etwas Butter andünsten. Mit Salz, Pfeffer und Muskat abschmecken. Danach auf einem Tuch trockenlegen.

Schollenfilets trockentupfen und portionsweise auf Frischhaltefolie auslegen, salzen und pfeffern. Spinat daraufgeben und mit Hilfe der Folie einrollen. Folie an den Enden jeweils in der Form eines Bonbons fest zusammendrehen. Danach jeweils nochmals in Alufolie wickeln. Die Schollenfiletröllchen in ein feuerfestes Gefäß füllen, mit Wasser bedecken und im vorgeheizten Backofen bei ca. 120 °C ca. 30 Minuten garen.

Für das Kräuterrisotto Butter in einem Topf schmelzen und zusammen mit den Zwiebelwürfeln und dem Reis glasig anschwitzen. 200 ml Weißwein hinzugeben und einkochen, bis fast keine Flüssigkeit mehr vorhanden ist. Anschließend mit der Gemüsebrühe nach und nach aufgießen und bei geringer Hitze köcheln lassen, bis der Risottoreis bissfest ist.
Den Parmesan reiben und dazugeben. Die Kräuter fein hacken und unter den Risottoreis heben. Mit Salz und Pfeffer abschmecken.

Für die Sauce den restlichen Weißwein mit Fischfond und Sternanis bis zur Hälfte einkochen und mit der Sahne auffüllen. Abrieb und Saft der Limette hinzugeben und mitkochen. Sternanis entnehmen und die Sauce bis zur gewünschten Konsistenz mit Saucenbinder oder Stärke abbinden.
Die Schollenfiletröllchen aus der Alu-Frischhaltefolie entnehmen und alles zusammen auf einem Teller anrichten und es sich schmecken lassen.

Meinholdsches Turmhaus Radebeul

Weinprobe unter Fortunas Schwingen

Wenn man die Glocke der Einzeigeruhr am Meinholdschen Turmhaus im sächsischen Radebeul die Stunde schlagen hört, möchte man am liebsten die Zeit anhalten. Denn im dortigen Weingut Karl Friedrich Aust lässt es sich angenehm verweilen: in der 2006 eingerichteten Weinwirtschaft des barocken Turmhauses, auf der sonnenbeschienenen Lindenterrasse mit Weinbergblick oder im Gartensaal des 1853 erbauten Haupthauses. Dass sich das einst schlichte Winzerhaus mit Keller und Pressraum von etwa 1650 zu dem stolzen Ensemble von heute entwickeln konnte, verdankt es mehreren Erweiterungen und dem hohen Denkmalbewusstsein der heutigen Eigentümerfamilie Aust. Und etwas Fortune war auch dabei. Der Ausbau zum schlösschenartigen Turmhaus geht wohl auf den kursächsischen Landbauschreiber Johann Joachim Ossenfeld zurück, dem das Weingut mit den angrenzenden Weinbergen am Elbhang zwischen 1727 und 1785 gehörte. Einen Anhaltspunkt für die Datierung liefert die Glockeninschrift: „anno 1750 goss mich Johann Gottfried Weinhold in Dresden." Türme oder turmartige Dachreiter waren im barocken Radebeul Mode – wie bereits am Berg- und Lusthaus des kursächsischen Weinguts Hoflössnitz und am Spitzhaus. Aus der Zeit um 1750 dürfte auch die 1984 wiederhergestellte Illusionsmalerei des Turmhauses stammen.

Als symbolträchtiges Motiv für die Wetterfahne wählte Ossenfeld die antike Schicksals- und Glücksgöttin Fortuna. Einen Zweig mit Weinlaub emporhaltend, hebt sie mit ihren Flügeln scheinbar vom Dachknauf ab. Die verschlungenen Initialen CM kamen erst später hinzu. Sie erinnern an den Dresdner Hofbuchdrucker und Verleger Carl Christian Meinhold (1740–1827), der das Anwesen 1792 als Sommersitz erwarb. Vom Kunstsinn der Meinholds zeugen im Gartensaal noch Porträts und Büsten von Familienmitgliedern.
Nachdem der Architekt und Zwingerbaumeister Ulrich Aust (1942–1992) und seine Frau Elisabeth, eine Restauratorin, den Besitz vererbt bekommen hatten, bewältigten diese bis 1987 den

Aust

Erhalt dieses architektonischen Juwels. Mit Hilfe der Deutschen Stiftung Denkmalschutz konnten 1996 das Mauerwerk trockengelegt und der Putz saniert werden, und 2006/07 erfolgte dank ihrer Unterstützung die Turminstandsetzung. Der jüngste Sohn Karl Friedrich Aust (* 1978) arbeitete vor seiner Ausbildung zum Winzer als Steinmetzlehrling am Kölner Dom. Doch es zog ihn zurück zum Duft seiner Kindheit nach frischgepresstem Traubenmost: 2001 entschied er sich, das bislang nur nebenbei betriebene Weingut zum Vollerwerb auszubauen. Heute bewirtschaftet er über fünf Hektar Rebfläche mit einer Jahresproduktion von 25 000 Litern, die in der Liga sächsischer Weinraritäten ganz oben mitspielt.
Der Mühe Lohn ist die hervorragende Qualität durch die sonnenreiche Lage, das Terroir (Mineralien, Tonschiefer und der seltene Syenit) und die Kunst der Veredelung. Neben dem Wein locken auch Weinwanderungen, Jazzkonzerte oder Gartenfeste in Radebeuls Weinbergstraße 10 – und natürlich das Restaurant Weinhaus Aust mit regionalen, weinbasierten Speisen von Küchenchef Veit Endler. Grafiken von Friederike Curling-Aust und Schmiedekunst von Hans Philipp Aust geben der Weinstube eine persönliche Note. Für Karl Friedrich Aust ist klar: „Ohne die Wende und ohne die Unterstützung durch die Deutsche Stiftung Denkmalschutz gäbe es das Weingut nicht in der heutigen Form." Möge Fortuna noch lange glücksspendend über dem Weingut wachen.

Apfel-Gurkensuppe mit gebeizter Lachsforelle und Riesling-Quarkmousse

Suppe/Kaltschale

2 saure Äpfel
1½ Salatgurken
50 g Blattpetersilie
50 g Schnittlauch
50 g Dill
Salz, Pfeffer, Zucker
Weißweinessig
Olivenöl

Gebeizte Lachsforelle

200 g Lachsforellenfilet
25 g Salz
10 g Zucker
1 EL Rieslingsenf
1 EL Petersilienstengel
1 EL Dillstengel
½ TL Limettenabrieb
½ TL Koriandersamen
½ TL Fenchelsamen
1 Prise Chili

Riesling-Quarkmousse

100 g Bio-Quark
200 ml Bio-Milch
50 ml Riesling (von Karl Friedrich Aust)
Salz, Chili, Zucker
1 TL Limonenöl

Dekoration

4 Scheiben Schwarzbrot
2 EL Lachsforellenkaviar
2 Radieschen
2 Handvoll Kräuter
4 breite Gurkenstreifen

Für die Suppe zunächst die Äpfel, Gurken und Kräuter waschen. Die Kerngehäuse der Äpfel entfernen. Die Äpfel und Gurken in kleine Stücke schneiden, die Kräuter grob hacken. Anschließend diese Zutaten sehr fein mixen und mit den übrigen Zutaten abschmecken. Die Masse durch ein feines Sieb geben und bis zum Servieren in den Kühlschrank stellen.

Für die gebeizte Lachsforelle zunächst die Gewürze zerstoßen und mit Salz und Zucker mischen. Petersilien- und Dillstengel in kleine Stücke schneiden. Zerstoßene Koriander- und Fenchelsamen und Chili mischen.
Die Hälfte der Gewürzmischung auf ein großes Stück Frischhaltefolie streuen, die Lachsforellenfilets mit der Hautseite nach unten darauflegen. Die Oberseiten der Filets mit der restlichen Gewürzmischung bestreuen, mit dem Rieslingsenf bestreichen und mit Petersilie und Dill sowie Limonenabrieb bedeckt. Die Filets gut einpacken und 24 Stunden im Kühlschrank beizen. Nach dem Beizen alle Aromaten entfernen und die Filets in dünne Streifen schneiden.

Für die Riesling-Quarkmousse die Milch, den Quark und den Riesling mit einem Schneebesen verrühren und die Masse mit Gewürzen und Limonenöl abschmecken. Die Masse mit einem Stabmixer aufschäumen.

Zum Servieren die kalte Apfel-Gurkensuppe in Suppenteller mit breitem Rand gießen. Aus je einem kurzen Schwarzbrotrechteck und einem langen Schwarzbrotrechteck pro Portion einen Brotsteg bauen, der in die Suppe hineinragt.
Darauf Forellenfiletstreifen, Mousse, Radieschenstreifen und Kräuter verteilen. Vor den Steg je einen aufgerollten Gurkenstreifen setzen und mit Mousse, Lachsforellenkaviar und Kräutern füllen.

Taube auf dem Dach

8 Tauben, küchenfertig
1 EL Butterschmalz
4 EL Butter
Salz, Pfeffer
8 Rosmarinzweige
8 Thymianstengel
4 TL Honig

Sauce

Taubenkarkassen
je 50 g Möhren, Sellerie, Zwiebeln, 1 TL Tomatenmark
70 ml Spätburgunder von Aust
je 2 EL Zucker und Butter
2 Knoblauchzehen
3 Rosmarinzweige
3 Thymianstengel
Wacholderbeeren, Salz, Pfeffer
2 EL kalte Butterstücke

Gerste

250 g Perlgraupen (grob)
je 40 g Speck und Schalotten
30 g Butter
3 Rosmarinzweige
3 Thymianzweige
1 Knoblauchzehe
50 ml Riesling von Aust
500 ml Geflügelbrühe
Limettensaft und -abrieb
30 g geriebener Parmesan
Salz, Pfeffer, Muskat
Petersilie, Schnittlauch

Gemüse nach Saison

Möhren rot/gelb, Romanesco, Spargel grün/weiß, Blumenkohl, Kohlrabi, rote Zwiebeln

Brustfleisch vom Knochen lösen, Hautseite salzen. Taubenbrüste in eine ofenfeste Form legen und darin mit der Hautseite in Butterschmalz anbraten, wenden und Butter dazugeben. Im vorgeheizten Ofen bei 160 °C 4 Minuten weitergaren. Aus dem Ofen nehmen und die Hautseite mit Honig glacieren. Rosmarin und Thymian in gebräunte Butter legen. 20 Minuten fertiggaren, mehrmals die Hautseite mit Buttersud bestreichen. Nach 5 Minuten Ruhezeit Fleisch aufschneiden.

Sauce: Taubenkarkassen in grobe Stücke zerkleinern und in heißem Öl anrösten. Kleingeschnittenes Gemüse mitrösten. Nach Zugabe von Tomatenmark und leichtem Weitersimmern mit Rotwein ablöschen, Wasser aufgießen, ca. 4 Stunden köcheln lassen. Nun den Fond durch ein feines Sieb geben.
Aus 2 Esslöffeln Wasser und Zucker Karamell herstellen. Butter hinzugeben und vorsichtig mit Rotweinessig ablöschen. Nach kurzem Köcheln mit Taubenfond aufgießen. Gehackten Knoblauch, Rosmarin und Thymian, Salz, Pfeffer und einige Wacholderbeeren dazugeben. Nach weiterem Köcheln und Durchsieben die Sauce mit Salz und Pfeffer abschmecken. Sauce mit kalten Butterstücken abbinden und mit einem Schneebesen verrühren.

Gerste: Speck und Schalotten in feine Würfel schneiden. Speck in Butter auslassen und damit die Schalotten glacieren. Die Perlgraupen dazugeben, alles mit Rosmarin, Thymian und gehacktem Knoblauch vermengen und alles mit Weißwein ablöschen. Nach kurzem Köcheln mit Geflügelbrühe auffüllen und zugedeckt ca. 15 Minuten leicht köcheln lassen. Ab und zu vorsichtig die Gerste verrühren, Kräuter entfernen, abschmecken. Übrige Zutaten und Butter dazugeben.

Gemüse waschen, putzen und kochen. In Butter schwenken und würzen.

Sherry-Birne auf Karamell, gesalzenen Haselnüssen und Kuhmilch

2 Birnen (Abate Fetel)
1 EL Butterschmalz
1 EL Butter
1 EL Zucker
1 Schuss Sherry

Karamell
5 EL Zucker
125 g Butter
200 ml Sahne

Haselnussmischung
100 g Haselnüsse
3 EL Zucker
1 EL Honig
1 gute Prise Salz
200 ml Bio-Milch
1 EL Honig

Die Birnen halbieren und das Kerngehäuse entfernen. Das Butterschmalz in eine Pfanne geben, heiß werden lassen und die Schnittfläche der Birnenhälften gut anbraten. Nun den Zucker einstreuen, die Butter dazugeben und alles mit Sherry ablöschen. Nach ca. 5 Minuten bei 160 °C sind die Birnen fertig.

Für den Karamell den Zucker mit 2 Esslöffeln Wasser in einem Topf mischen. Das Zuckerwasser kochen, bis es dunkelblond bis braun ist. Nun vorsichtig die Butter dazugeben und – wenn diese geschmolzen ist – die Sahne. 15 Minuten köcheln lassen. Anschließend die Masse kühlstellen und mit einer Küchenmaschine schaumig schlagen.

Für die Haselnussmischung die Haselnüsse in grobe Stücke hacken, bei 180 °C im vorgeheizten Ofen bräunen lassen. Zucker, Honig und 3 Teelöffel Wasser in einem Topf mischen und wie bei dem Karamell verfahren. Die gehackten Haselnüsse dazugeben und mit der Zuckermasse und dem Salz vermengen. Alles auf ein Backpapier geben und auskühlen lassen.

Milch und Honig in einem Topf erwärmen und mit einem Handmixgerät aufschäumen.

Zum Servieren die Birnenhälften auf den Karamell setzen, die Haselnussmischung darüber verteilen und den Milchschaum daneben setzen.

Kaffee Worpswede

Bau- und Kochkunst im Herzen der Künstlerkolonie

Wie ein überdimensioniertes Hexenhaus mutet das Kaffee Worpswede im niedersächsischen Worpswede bei Bremen an – eine Assoziation, die sich allein schon aufgrund der Lage des Künstlerorts mitten im sagenumwobenen Teufelsmoor einstellt. Das Haus aus Fachwerk und Ziegeln ist ein Werk des Bildhauers, Malers, Baukünstlers und Kunstgewerblers Bernhard Hoetger (1874–1949), der seit 1914 in Worpswede lebte. Dazu hatte ihn die Malerin Paula Modersohn-Becker angeregt, was für ihn eine intuitiv richtige Entscheidung war: *„Es wurde mir in den Jahren immer klarer, daß eine Landschaft, in deren Luft eine Kunst wie die der Paula Modersohn groß werden konnte, auch für mein Schaffen die rechte Atmosphäre sein müsse."* Nordische Bauformen und Mythen waren es auch, von denen sich Hoetger für seinen in Worpswede entwickelten expressionistischen Stil inspirieren ließ.
Das Kaffee Worpswede von 1925 vereinte Café und Kunstverkaufsausstellung. Ein vergleichbares Ensemble, das Café Winuwuk und der Sonnenhof, hatte er bereits 1922/23 in Bad Harzburg geschaffen (siehe S. 8). Bei der Restaurierung des Kaffees Worpswede im Jahr 2002 beteiligte sich die Deutsche Stiftung Denkmalschutz am denkmalgerechten Nachbau dreier Dachreiter und der hölzernen Terrassenbrüstung sowie an der Malerei der Rückfront. Benachbarte Förderprojekte sind Hoetgers mit dem Kaffee verbundene Große Kunstschau und die im Wald versteckte Worpsweder Käseglocke, ein ebenfalls expressionistischer Rundbau nach Entwürfen von Bruno Taut. Auch Heinrich Vogelers Jugendstil-Bahnhof (siehe S. 9) und Hoetgers zweites Wohnhaus erhielten Mittel der Stiftung.

Mit den typisch norddeutschen Baumaterialien Backstein und Holz entstand das Kaffee Worpswede als scheinbar organisch gewachsenes Bauwerk, mehr Skulptur als Architektur, wie auch der Künstler selbst kein ausgebildeter Architekt war. Der Schöpfungsprozess entstand erst am Bauplatz, indem er Gipsmodelle anfertigte und die Maurer zu unorthodoxem Arbeiten anregte: *„‚Schafft Bewegung und Leben in den Baukörper. Habt Phantasie!' rief er uns zu (…). Dann wurde oft das Bauen zu einem fröhlichen Spiel mit den Stei-*

geöffnet

nen.", erinnert sich Maurermeister Heinrich Warnken. Indem sie die handgestrichenen Backsteine nach eigenem Ausdruckswillen, also expressionistisch, versetzten, entstanden reliefartige Oberflächen mit lebendiger Licht- und Schattenwirkung.
Die organische Formensprache des „Cafés Verrückt", wie das außergewöhnliche Gebäude im Volksmund bald hieß, setzt sich auch an den Balken in natürlicher Wuchsrichtung und im Inneren fort. Beeindruckend sind der überwölbte, in Gelb gehaltene Hauptraum, die riesige Holzplastik als Weltenbaumsymbol und der Kachelofen in „Hoetgerblau". Doch das expressionistische Gesamtkunstwerk ging auch mit der Zeit – in einem Rundpfeiler verbirgt sich eine Telefonzelle, die Küchenchef Jens Kommerau gerne zeigt. Mit dem Kauf des Kaffees Worpswede im Jahr 1999 erfüllte sich der Worpsweder nach Auslandsjahren einen langgehegten Traum. Dass es ihm, seiner Frau Susanna und der Restaurantequipe Freude bereitet, in einem begehbaren Kunstwerk zu kochen, Konzerte zu veranstalten und Gäste zum Mittagstisch, zum Kaffee mit eigenem Kuchen und abends mit Gourmetküche zu bewirten, erkennt man auch am „guten Geist des Hauses": Hoetgers buddhistisch inspirierte Skulptur „Licht" oder „Bonze des Humors", die den Gast schon auf dem Fußweg im Kiefernwäldchen begrüßt.

Spargel mit Zitronen-Bergpfeffer-Lachs und Radieschenvinaigrette

Lachs
6 Lachstranchen à 100 g
etwas Zitronen-Bergpfeffer
2 EL Orangenöl
2 EL Olivenöl
etwas Meersalz

Radieschenvinaigrette
15 Radieschen
1 kleiner Bund Schnittlauch
100 ml Traubenkernöl
1 Eigelb
50 ml Spargelfond
1 cl Weißweinessig
etwas Salz, Zucker, Pfeffer
1 Packung Erbsenkresse

Geschmorter Spargel
12 Stangen Spargel oder mehr
10 ml Spargelwasser
20 g Butter

Den Fisch mit den Ölen und Gewürzen vermengen und im vorgeheizten Ofen bei ca. 70 °C ca. 10 Minuten unter Klarsichtfolie glasig garen und servieren.

Eigelb mit Essig und Spargelfond mischen. Das Öl mit einem Stabmixer unterrühren. Radieschen und Schnittlauch in feine Streifen schneiden, mit der Vinaigrette vermengen und über den Lachs geben.
Mit der Erbsenkresse garnieren.

Den Spargel schräg halbieren und in Butter leicht anschwitzen, ohne dass der Spargel Farbe nimmt.
Mit der Brühe ablöschen und die Gewürze dazugeben.
Den Spargel solange schmoren und glasieren, bis er den richtigen „Biss" hat.

Das Gericht kann mit Salzkartoffeln und Sommertrüffelscheiben serviert werden.

Schoko-Olivenölmousse mit marinierten Erdbeeren und Vanille-Verbene-Eis

Mousse
100 ml Sahne
130 ml Milch
80 ml fruchtiges Olivenöl
(Nr. 27 von arteFact Olivenöl-kampagne)
20 ml Grand Marnier
250 g Zartbitterschokolade

Marinierte Erdbeeren
6 Erdbeeren
etwas Orangenöl
etwas Puderzucker

Vanille-Verbene Eis
200 g hochwertiges Vanilleeis
20 Blätter Zitronenverbene
oder Zitronenmelisse
etwas Olivenöl (Nr. 27 von
arteFact Olivenölkampagne)

Sahne, Milch und Grand Marnier aufkochen. Zartbitterschokolade darin auflösen (nicht mehr kochen). Das Olivenöl langsam unterschlagen und sofort in Gläsern oder Förmchen abfüllen und kaltstellen.

Die Erdbeeren in Scheiben schneiden und mit Puderzucker und Orangenöl marinieren.

Die Verbene mit dem Olivenöl leicht pürieren und unter das Vanilleeis heben.

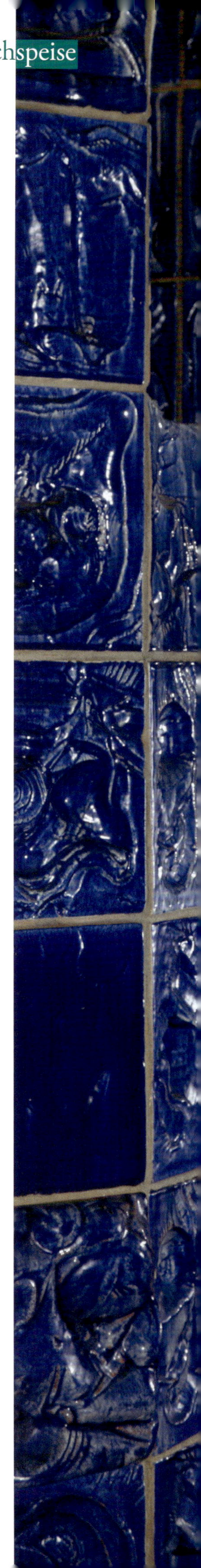

Seute Deern

Museumsschiff „Seute Deern" Bremerhaven

Alle Mann an Bord!

Die „Seute Deern", wie das in Bremerhaven vor Anker liegende Museums- und Restaurantschiff auf Plattdeutsch heißt, ist kein norddeutsches „süßes Mädchen", sondern eine gebürtige Amerikanerin, getauft auf den Namen „Elizabeth Bandi" nach der Tochter ihres ersten Geschäftsführers John A. Bandi. Bandi hatte als Bankmitarbeiter die Finanzierung des Schiffs – eines der weltgrößten erhaltenen hölzernen Frachtsegelschiffe – unterstützt. 1919 wurde der 4-Mast-Gaffelschoner vor allem für den Holz- und Kohletransport gebaut. Ein Schild an Deck gibt Aufschluss über seine Entstehung auf der Werft Gulfport Ship Building Company in Gulfport an der Mündung des Mississippi. Am 16. Mai 1919, schon vor ihrer Auftakelung, schwärmt der Biloxi Daily Herald von ihr als *„einem der schönsten und zuverlässigsten Schiffe, die je am Golf oder sonstwo gebaut wurden"* – ganz am Ende des Holzschiffbaus. Wäre die „Elizabeth Bandi" mit ihrem Heimathafen New Orleans verbunden geblieben, hätte sie aufgrund des dortigen feucht-warmen Wetters und der Hurrikane vermutlich keine lange Lebensdauer gehabt. Denn der Windjammer, der aus frischem Sumpfkiefernholz ohne Kupferbeschlag („Wurmhaut") erbaut worden war, litt schon auf der Jungfernfahrt unter Schiffsbohrwürmern.

Dass er dennoch erhalten blieb, ist ein Glücksfall, denn nach dem Verkauf nach Finnland 1930 stoppte das kalte, salzarme Ostseewasser den Wurmfraß. 1938/39 baute die Hamburger Werft Blohm & Voss den Viermaster für die Handelsmarineausbildung als frachtfahrendes Segelschulschiff „Seute Deern" zur Bark um: mit drei Masten, zwei rahgetakelte Masten (mit querstehenden Segeln) und Gaffelmast (gegabelter Mast). Nach Stationen als Hotel- und Jugendherbergsschiff kam sie 1966 nach Bremerhaven – als Flaggschiff des Deutschen Schiffahrtsmuseums. Auch wenn sie keine echte Bremerhavenerin ist, steht sie für jene Art Schiffe, für die die

BUILT BY
GULFPORT
SHIP BUILDING CO.
1919
GULFPORT MISS.
U.S.A.

Stadt 1827 gegründet wurde und mit denen Hunderttausende ihre Heimat verließen, wie es das benachbarte Deutsche Auswandererhaus eindrücklich vor Augen führt.
Die Verpflegung auf Segelschiffen bestand meist aus Pökelfleisch in Fässern, Trockenfisch und -gemüse, Getreide und Schiffszwieback. Gegen Vitamin-C-Mangel waren Kartoffeln, Sauerkraut, eingewecktes Obst und Zitronensaft an Bord. Hühner und Schweine dienten als Lebendproviant, wobei die Eier und die besten Fleischstücke dem Kapitän vorbehalten waren. Labskaus oder ein Käpt'ns Dinner kann man in authentisch maritimer Atmosphäre und fast ohne Wellengang im Restaurant auf der „Seute Deern" im Alten Hafen in Bremerhaven genießen. Der größte Speiseraum ist der einstige Laderaum, der mit Schiffsmodellen, Werkzeugen und der Original-Galionsfigur von 1938 geschmückt ist. Als Séparées stehen die Messe, der Salon, die Rumstube und die Kapitänskajüte zur Verfügung.
2001 drohte das „schwimmende Denkmal" auseinanderzubrechen. An ihrer Rettungsaktion im Trockendock war die Deutsche Stiftung Denkmalschutz maßgeblich beteiligt. Als Beitrag zum Erhalt des fast 100 Jahre „alten Mädchens" gründete sich 2004 die treuhänderische Stiftung „Seute Deern" in der Deutschen Stiftung Denkmalschutz. Für die Zukunft ist dennoch eine umfassende Sanierung unumgänglich. Damit man noch lange an Bord gehen kann.

Klare Fischsuppe Käpt'n Gording

400 g Edelfisch (Filets von Lachs, Heilbutt etc.)
100 g Nordseekrabben
1 l Fischfond
200 ml Gemüsebrühe
1 Knoblauchzehe
250 g Tomaten
100 g Gemüsewürfel (Sellerie, Lauch, Karotten)
½ TL Kräuter der Provence
Salz, Pfeffer, Chili
½ Zitrone, ausgepresst

Den Fischfond und die Gemüsebrühe in einen großen Topf geben. Knoblauchzehe in feine Scheiben schneiden, Tomaten schälen und kleinhacken und mit den Gemüsewürfeln und den Kräutern der Provence unterrühren.

Das Ganze aufkochen und nach Geschmack mit Salz, Pfeffer und Chili würzen.

Die Edelfischfilets säubern, trockentupfen, in Stücke schneiden und mit Zitronensaft beträufeln.
Nun den Fisch und die Krabben hinzufügen und auf kleinster Flamme garziehen lassen.

Der Zusatz „Käpt'n Gording" steht nicht etwa für einen echten Kapitän aus den US-amerikanischen Ursprüngen der „Seute Deern", sondern ist eine Hommage an das Bremerhavener Urgestein Helmut Martin Schultz (1909–87). Er war Nautiker, Schiffsoffizier und unter dem Pseudonym Peter Gording Autor von Jugendromanen über die Seefahrt. Als selbsternannter Käpt'n Gording brachte er an Deck des Windjammers die Besucher zum Staunen, indem er ihnen so manches Seemannsgarn auftischte.

Limandes gratiniert mit Orangen-Madagaskarpfeffer-Butter

800 g Limandesfilet
750 g Butter
2 Eigelb
1 cl Worcestersauce
10 g Salz
100 ml Orangensaft
4 Orangen
20 g Madagaskarpfeffer (grüner Pfeffer) in Lake
3 Eigelb

Butter schaumig aufschlagen. Eigelb, Worcestersauce, Salz und Orangensaft unter ständigem Rühren hinzufügen. Orangen schälen und filetieren. Grünen Pfeffer aus der Salzlake nehmen und unterrühren. Orangenfilets vorsichtig unterheben.

Orangen-Madagaskarpfeffer-Butter kaltstellen.

Eigelb verquirlen. Limandesfilets säubern, in der Eigelbhülle wälzen und braten. In eine feuerfeste Schale geben, mit Orangen-Madagaskarpfeffer-Butter bestreichen und bei 200 °C überbacken.

Stadtbad Oderberger Berlin

Erst Schwimmen, dann Schlemmen

Es ist ein erhebendes Gefühl, im Schwimmbecken des Stadtbads Oderberger Straße in Berlin seine Bahnen zu ziehen, sei es tagsüber, wenn die Sonne auf dem Wasser glitzert, oder abends, wenn das Becken, die Arkaden und das Kreuzgratgewölbe in geheimnisvolles Licht getaucht sind. Der Clou ist der hydraulische Hubboden, der bis zum Beckenrand hochfahren kann und Veranstaltungen für bis zu 800 Personen ermöglicht.
Das Stadtbad entstand 1898–1902, als die wenigsten Kiezbewohner über eigene Sanitäreinrichtungen verfügten und regelmäßig die fast 200 Dusch- und Badekabinen aufsuchten. Die Mädchen und Jungen einer Doppelgrundschule kamen zum Schwimmunterricht hierher; und in den oberen Stockwerken wohnten die Rektoren, der Verwalter, der Heizer, der Maschinenmeister sowie Dienstpersonal. Stadtbaurat Ludwig Hoffmann (1852–1932) griff bei der Fassadengestaltung den Stil der deutschen Renaissance auf, wovon die Nähe zur Formensprache des Wittenberger Rathauses zeugt. Das Innere der Schwimmhalle erinnert hingegen an italienische Hochrenaissancekirchen. Der Bauschmuck des Bildhauers Otto Lessing (1846–1912) greift Motive aus der Wasserwelt auf. An der Fassade tummeln sich Seepferdchen, Frösche, Fische, Krabben, Schildkröten etc., und der für ein öffentliches Gebäude übliche Berliner Bär lässt sich von zwei Meerjungfrauen einseifen.

Dass man hier nach 30 Jahren Schließzeit seit 2016 schwimmen, „auf dem Wasser" feiern, speisen und übernachten kann, ist einer tatkräftigen Frau, Barbara Jaeschke, und ihrer Familie zu verdanken. Die Leiterin des GLS Sprachenzentrums in der Kastanienallee, zu dem auch das Hotel und Restaurant Die Schule gehören, hatte von ihrem Arbeitsplatz immer den bröckelnden Gründerzeitbau im Blick – bis sie ihn 2011 selbst erwarb und sich in das Abenteuer seiner Sanierung und Umnutzung zum Hotel stürzte.
An der Dachinstandsetzung des früheren Frauentraktes beteiligte sich auch die Deutsche Stiftung Denkmalschutz.

45

Die Geschichte der Volksbadeanstalt hat man im Hotel Oderberger gleichermaßen augenzwinkernd wie respektvoll einbezogen. So fanden vielfach noch die grünen, neu verglasten Kabinentüren mit den „Besetzt"-Zeichen Verwendung, und die 70 Hotelzimmer und zwei Apartments sind außerdem mit Kacheln, Kleiderhaken oder Bänken der Badekabinen ausgestattet.
Im Hotel Oderberger lässt sich nicht nur ein Stück Hygiene- und Sozialgeschichte ablesen, sondern auch ein Stück Technikgeschichte: Im Kesselhaus sind die Zeiten vorbei, in denen es hier zischte und dampfte. Aus dem Heizkraftwerk, das das Stadtbad mit Wärme, Wasser und Strom versorgte und an das noch eine Kohlenlore, Kraftmesser oder Steuerräder erinnern, wurde ein stylishes Restaurant. Auf drei Ebenen kann man im Restaurant Oderberger frühstücken und abends regionale, feine Küche und deutsche Weine genießen. Ausklingen lassen kann man den Abend auf der Sommerterrasse unter Platanen oder im Kaminzimmer. Die Bar fand ihren Platz im einstigen „Bureau" des Schwimmbads – und welcher Cocktail wäre hier passender als ein swimmingpoolblauer Oderberger Blue?

Wildkräutersalat mit Himbeerdressing

Salat
150 g gemischte Wildkräuter (z. B. junger Löwenzahn, Rucola, Brunnenkresse, Sauerampfer, Bärlauch)
50 g gehackte Kräuter (z. B. Petersilie, Estragon und Schnittlauch)
50 g essbare Blüten (z. B. Kapuzinerkresse, Veilchen, Stiefmütterchen, Borretsch)

4 Ziegenkäsemedaillons
2 EL flüssiger Honig

je nach Geschmack:
Gurken, Radieschen, Paprika, Karotten, Nüsse und Kerne

Himbeerdressing
2 Schalotten
Öl
200 g Himbeeren
8 EL heller Balsamico-Essig
Salz, Pfeffer, Zucker

Die Wildkräuter verlesen, waschen, trockenschleudern und in mundgerechte Stücke zupfen.

Ziegenkäsemedaillons bei 180 °C im vorgeheizten Ofen gratinieren und mit Honig beträufeln.

Gurken, Radieschen, Paprika, Karotten oder weitere Zutaten waschen, putzen und in mundgerechte Stücke schneiden. Wildkräuter und Gemüse mit den gehackten Kräutern mischen.

Für das Himbeerdressing die Schalotten schälen, fein würfeln und in 1 EL heißem Öl ca. 1 Minuten andünsten. Die Himbeeren waschen, verlesen und zusammen mit den gedünsteten Schalotten, 8 EL Balsamico-Essig, 6 EL Wasser und 2 EL Öl mit dem Stand- oder Stabmixer fein pürieren.
Das Himbeerpüree durch ein Sieb streichen und mit Salz, Pfeffer und eventuell etwas Zucker abschmecken.

Den Salat mit der Vinaigrette mischen. Auf Teller verteilen. Mit Salz und Pfeffer würzen.

Die Blüten vorsichtig waschen, ausschütteln und den Salat damit dekoriert servieren.

Geschmorte Kalbsbäckchen

4 Kalbsbacken à 120 g

Sauce
150 g Möhren
100 g Staudensellerie
100 g Schalotten
Salz, Pfeffer
20 g Mehl
2 EL Öl
20 g Butter
1 EL Tomatenmark
500 ml Rotwein
1/2 Bund Thymian
2 Knoblauchzehen
1 Bund glatte Petersilie
2 EL Speisestärke

Blumenkohlgemüse
400 g Blumenkohl
2 EL Öl
Salz

Rösti
200 g Kartoffeln
200 g Möhren
2 Zwiebeln
6 EL Mehl
4 Eier
6 EL Öl

Semmelbrösel
50 g Butter
2-–3 EL Semmelbrösel
4 EL Butter
etwas Salz

Die Möhren, Staudensellerie und Schalotten putzen bzw. pellen und grob würfeln.
Die Kalbsbacken sorgfältig von Haut, Fett und Sehnen befreien. Salzen, pfeffern und leicht mit Mehl bestäuben. Das Öl in einem Bräter erhitzen. Die Kalbsbacken hineinlegen und von allen Seiten anbraten. Das Öl abgießen, die Butter dazugeben und die Schalotten darin andünsten. Möhren, Sellerie und Tomatenmark dazugeben und mitrösten. Dann das restliche Mehl darüberstäuben und leicht anrösten. Mit dem Rotwein ablöschen. Thymian, Knoblauch und Petersilie dazugeben. Mit 200 ml Wasser auffüllen und im vorgeheizten Backofen bei 180 °C 2 Stunden schmoren.

Das Fleisch aus dem Bräter nehmen und warm stellen.

Die Sauce durch ein feines Sieb passieren. Die Speisestärke mit etwas kaltem Wasser anrühren und die Sauce damit binden.

Für das Blumenkohlgemüse Kohl putzen und in kleine Röschen teilen. Mit Öl und etwas Salz in einer Schüssel mischen und auf einem Backblech verteilen. Im heißen Ofen bei 220 °C 20 Minuten hellbraun rösten.

Für die Rösti Kartoffeln und Möhren schälen und fein raspeln. Mit fein gewürfelten Zwiebeln, Mehl und Eiern zu einem glatten Teig verrühren. In je 1 TL Öl nacheinander je 8 Plätzchen backen.

Butter in einer Pfanne schmelzen und Semmelbrösel (bevorzugt Pankomehl) dazugeben. Die Butter mit dem Bröseln schäumen lassen und langsam goldbraun werden lassen. Öfters umrühren und etwas salzen. Zum Schluss alles auf den Blumenkohl verteilen .

Berliner Luft mit Fassbrause und Pfefferminzgelee

Berliner Luft-Creme
2 Bio-Eier (Kl. M)
1/2 Vanilleschote
40 g Zucker
1/2 Bio-Zitrone
2 Blatt weiße Gelatine
125 ml Fassbrause (Berliner Kräuterlimonade)
1 Prise Salz

Pfefferminzgelee
50 g Pfefferminzblätter
½ Flasche Cidre
1/4 Bio-Zitrone
340 g Gelierzucker
1 EL Pfefferminzlikör

Eier trennen, das Eiweiß kalt stellen. Die halbe Vanilleschote aufschlitzen und das Mark auskratzen. Das Eigelb mit Zucker und Vanillemark in eine Schüssel geben und mit der Küchenmaschine 8–10 Minuten weiß und schaumig schlagen. Zitronenschale fein abreiben, Zitronensaft auspressen. Schale und Saft unter die Eiermischung rühren. Gelatine in kaltem Wasser einweichen.
Die Berliner Kräuterlimonade einmal aufkochen, Gelatine ausdrücken und in der Fassbrause auflösen. Gelatine-Fassbrause-Mix schnell unter die Creme rühren. Schüssel mit der Creme für ca. 20 Minuten in den Kühlschrank stellen und leicht gelieren lassen. Dabei die Creme ab und zu umrühren.
Eiweiß mit Salz in einem Gefäß steifschlagen. Nach und nach locker mit dem Schneebesen unter die Creme rühren. Die Masse in 8 Gläser füllen und kaltstellen.

Die Pfefferminzblätter mit 60 ml kochendem Wasser übergießen und 15 Minuten ziehenlassen. Die Blätter entfernen und den Extrakt mit Cidre, dem Saft einer Viertel Zitrone und dem Gelierzucker mischen. 4 Minuten sprudelnd kochen lassen und den Likör unterrühren.
Nun das Minzgelee auskühlen lassen. Kurz vor dem Festwerden über die Berliner Luft-Creme verteilen. Kühlstellen.

Und zum Schluss: Ausdekorieren und genießen.

BOREAS
1828

Riepenburger Mühle Hamburg

Kaffeetrinken wie in der Puppenstube

„Und sie dreht sich doch!" frohlockt man beim Anblick der sich drehenden Flügel der Riepenburger Mühle in Hamburgs Südosten inmitten von Feldern und Weiden. Sie steht nahe dem Elbdeich und dem reetgedeckten Hof Eggers, der wie die Mühle ein Förderprojekt der Deutschen Stiftung Denkmalschutz ist. Hier bläst der Wind noch kräftiger als unter der 30 Kilometer entfernten Dunstglocke der Großstadt, und die Mühle läuft ab Windstärke 4 noch an rund 60 Tagen im Jahr.
Ihren Namen hat sie von der einstigen Riepenburg des Ritters Hermann Ribe. Während die Burg 1512 abgerissen wurde, steht die Mühle bzw. ihr Nachfolger noch heute – an einem der ältesten deutschen Windmühlenstandorte. Bereits 1318 ist hier eine Windmühle nachweisbar. 1828 entstand die heutige Mühle, ein Galerie-Holländer, der gegenüber den Bockwindmühlen den Vorteil hat, dass man nicht mehr das gesamte Mühlenhaus in den Wind drehen muss, sondern nur noch die Turmkappe.
Dass die Mühle mit ihrem Backsteinunterbau und dem Achtkant aus 25 Meter langen ostpreußischen Nadelhölzern gerettet wurde, ist dem Mühlenfan Axel Strunge und Mitstreitern vom Förderverein Riepenburger Mühle e. V. zu verdanken. Sie kauften das technische Denkmal im Jahr 2001, wobei sich die Restaurierung als viel aufwendiger entwickelte als geahnt. So mussten etwa eigens Formsteine mit Neigungswinkel gebrannt werden. Doch mit Hilfe von Spenden und Fördermitteln – auch von der Deutschen Stiftung Denkmalschutz – gelang 2006 die Wiederinbetriebnahme der Mühle unter dem Namen „Boreas", dem antiken Gott des Nordwindes. Wichtig ist auch die kontinuierliche Pflege, wie die Sturmsicherung der Flügel; neue Mitglieder sind erwünscht.

„Wir stehen hier mitten in einer Maschine", sagt Axel Strunge fasziniert. Früher barg die Mühle einen Graupengang und drei Mahlgänge, von denen einer wieder in Betrieb ist – ihr originaler Mahlgang inklusive eisernem Klüver (Antriebswelle) fand sich auf einem

Walnussöl
Mohnöl
Hanföl

nahegelegenen Reiterhof wieder –, ein zweiter ist im Aufbau. Vor Ort kann man sieben Mehlsorten kaufen, außerdem Öl-Spezialitäten wie Lein-, Senf- oder Mohnöl aus der hauseigenen Ölmühle.

Nordische Spezialitäten, Selbstgebackenes, Kaffee, Tee, Honig und mehr gibt es im sonnengelben Mühlencafé und -laden. Als die Gastronomin Gudrun Cronauer zum ersten Mal hierherkam, wollte sie nur ein paar schadhafte Backsteine mitnehmen – und verliebte sich in die Anlage. Unbeirrt von der Baustelle ringsum schuf sie mit ihrer Familie ab 2003 im Dampfmühlenanbau von 1888 ein nostalgisches Schatzkästlein. Aus der Treppe der einstigen Bockwindmühle zimmerte einer ihrer Söhne, ein Möbelrestaurator, ein Regal und aus alten Bohlen einen Tisch. Im Café stehen ihr selbstgebautes Puppenhaus und ein regelmäßig für Konzerte genutzter Steinway-Flügel. Für die warme Küche ist ein anderer Sohn von Gudrun Cronauer zuständig, Andreas Gruß, hauptberuflich eigentlich Werbefotograf. Viermal im Monat schickt er die Gäste auf kulinarische Zeitreise und kocht dann nach alten Rezepten aus Großmutters Küche.
Auch in den Getreidespeicher ist neues Leben eingezogen: Die „Kunsthandwerkerei" lädt zum Entdecken von Schmuck, Malerei, Druckkunst, originellen Künstlerkarten und zu Workshops ein.

Buttermilchsuppe mit Apfelringen und Mettenden

1½ l Buttermilch
200 g Schlagsahne
4 Eigelb
ca. 80 g Zucker
1 Prise Salz
2 EL Speisestärke
etwas Bio-Zitronenschale
4 Mettenden
250 g getrocknete Apfelringe
6 Stengel Schnittlauch

Apfelringe in reichlich Wasser einweichen und mit der Zitronenschale bei milder Hitze weichkochen.
Buttermilch und Sahne erhitzen (nicht kochen).
Eier mit Zucker und Salz schaumig rühren, Speisestärke und etwas abgeriebene Zitronenschale dazugeben.
Milch unter Rühren zur Eimasse geben und ständig rühren, bis sie eindickt.

Die Mettenden in schmale Scheiben schneiden und mit den Apfelringen in die Suppe geben.

Mit kleingeschnittenem Schnittlauch servieren.

Plettentorte mit Vanillemousse und Himbeeren

600 frische Himbeeren
1 Packung Tiefkühl-Himbeeren
1 l Milch
160 g Zucker
4 Vanillestangen
4 Eigelb
12 Blatt Gelatine (oder 2 Tüten Pulvergelatine)
4 Becher Sahne à 200 g
etwas Himbeerkonfitüre

hoher Tortenbiskuit
2 x 3 cl Himbeergeist

1 TL Puderzucker
14 kleine Makronen

Die Gelatine einweichen. Die Tiefkühl-Himbeeren auftauen und durch ein feines Sieb passieren.
1 l Milch mit 80 g Zucker erhitzen. Vanillestangen auskratzen und mit in die Milch geben.
Die 4 Eigelb mit 80 g Zucker schaumig rühren und langsam in die Milch rühren, bei schwacher Hitze weiterrühren, bis die Creme dicklich wird.
Etwas abkühlen lassen, Vanillestangen entfernen.
Gelatine ausdrücken und in die warme Creme rühren.
Im eiskaltem Wasserbad die Creme in einer Schüssel schlagen.
Sahne mit Gelatinemasse ganz steif schlagen und unter die Creme rühren, sobald sie anfängt fest zu werden.
Die Creme teilen und in die eine Hälfte die passierten Himbeeren geben und einen Schuss Himbeergeist dazu (abschmecken).

Aus dem Biskuit vier gleiche Böden schneiden. Auf den ersten Boden die Himbeerkonfitüre streichen. Die anderen Böden mit Himbeergeist beträufeln. Auf die erste Schicht den zweiten Boden legen. Auf ihm eine kleine Menge helle Creme und die Himbeeren verteilen. Nun die restliche helle Creme hinzufügen und den 3. Boden auflegen. Nun die Himbeeren und – bis auf einen Rest – die Himbeercreme darauf verteilen. Auf dem 4. Boden die übrige Himbeercreme streichen und dicht mit frischen Himbeeren belegen.

Mit Puderzucker bestäuben und mit Makronen verzieren.

Diese Torte ist eine Abwandlung des Plettenpuddings, nach Thomas Manns Beschreibung in „Die Buddenbrooks" als „schichtweises Gemisch aus Makronen, Himbeeren, Biskuits und Eiercrème". *Das Dessert wurde auch Diplomaten- oder Kabinettspudding genannt. Dieser stammte offenbar aus England und war im 19. Jahrhundert europaweit bekannt.*

Völklinger Hütte

Mahlzeit im Schatten der Hochöfen

„Ich habe Dir eine große Neuigkeit mitzuteilen, ich habe gestern Völklingen zu 270 000 M (...) gekauft." schrieb der Saarbrücker Geschäftsmann Carl Röchling (1827–1920) seinem Bruder Theodor am 8. August 1881 und läutete damit für das saarländische Völklingen den Beginn seiner eigenen industriellen Revolution ein.
1883 ging der erste von sechs Hochöfen in Betrieb, in denen flüssiges Roheisen entstand, und bereits 1890 waren die Röchlingschen Eisen- und Stahlwerke der größte Eisenträgerhersteller Deutschlands. Technische Innovationen, davon viele Pionierleistungen der Hütte, und eine enorme Produktivität bescherten dem bald auf sechs Hektar angewachsenen Industriegiganten solche Erfolge, dass Völklingen zeitweise als eine der reichsten – und durch Ruß und Staub schmutzigsten – Städte Deutschlands galt. 1965 arbeiteten über 17 000 Menschen in der Hütte. 1986 kam jedoch als Folge der Stahlkrise der 70er Jahre das wirtschaftliche Aus.
Dass diese Kathedrale der Industriekultur in ihrem Zustand von 1986 komplett erhalten geblieben ist, war zwar zunächst den hohen Abrisskosten geschuldet. Doch ihren tatsächlichen Wert erkannten bald ehemalige Mitarbeiter und Freunde der Initiative Völklinger Hütte und die Denkmalfachbehörde, die die Anlage unter Denkmalschutz stellte. Ihren Ritterschlag erhielt die Hütte 1994 durch ein Ereignis, das allen bisherigen Maßnahmen Flügel verlieh: ihre Ernennung zum Weltkulturerbe durch die UNESCO als weltweit erstes Industriedenkmal.
Mittlerweile sind 90 % saniert. Hierfür stellte 1992–2003 auch die Deutsche Stiftung Denkmalschutz erhebliche Mittel für zur Verfügung.

Die Völklinger Hütte dient als begehbares Industriemuseum, durch das noch immer frühere Arbeiter führen, bis hinauf zur Aussichtsplattform in 45 Metern Höhe – wie damals „uff da Hitt". Jedoch bietet die Anlage weit mehr: 2003 wurden im Hochofenbüro ein Hüttenlaboratorium und in der Möllerhalle (Rohstofflager), dem „Bauch der Hütte", Ausstellungs- und Mitmachbereiche für Klein und Groß geschaffen: das ScienceCenter „Ferrodrom® – die Erlebniswelt des Eisens". 2014 kam das „UNESCO BesucherZentrum"

Inka
Gott. Macht. Gold.
Haupteingang
Entrée | Entrance
Café
Umwalzer

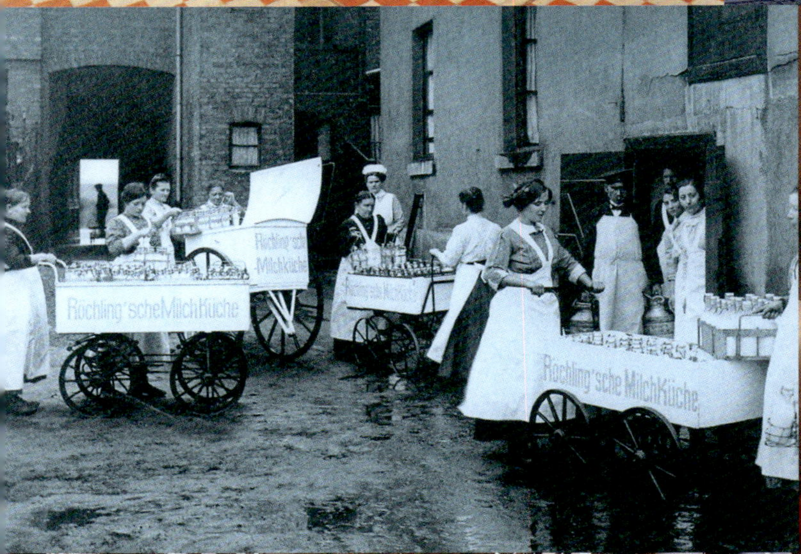
Röchling'sche Milchküche
Röchling'sche Milchküche

in der Sinteranlage hinzu. In der Gebläsehalle finden seit 2003 unter anderem Konzerte und Ausstellungen zu Hochkulturen statt, deren Exponate im spannenden Kontrast zu den 100 Jahre alten Maschinen stehen.
Eine Mahlzeit war für die Arbeiter der Gebläsehalle eine einsame Angelegenheit: An Tischchen neben den lauten, heißen und Öl spritzenden Maschinen sitzend verzehrten sie ihr im Henkelmann von zuhause mitgebrachtes Essen. Weitaus gemütlicher bekommt man heute typisch saarländische Gefillde (Gefüllte Kartoffelklöße) und mehr im angrenzenden Café Umwalzer serviert. Umgeben von Eisenteilen, alten Fenstern, unter Stahlträgern und von der Decke hängenden Haken kommt in der einstigen Werkzeugreparatur und -ausgabe und in der Schmiede Industriecharme auf. Der Name des Cafés ist gut gewählt: In der Völklinger Hütte waren auch sogenannte Umwalzer mit der gefährlichen Arbeit beschäftigt, heißen Draht, der aus einer Walze schoss, mit der Zange zu greifen und im hohen Bogen in die nächste Walze einzufädeln. Umgewalzt werden hier jedoch nur die Grumbeerkichelcher (Kartoffelpuffer) und Schnitzel, und zwar in der Pfanne. Bei schönem Wetter öffnet gegenüber das Bistro B 40, das früher ein Labor war, der Bau 40. Im dortigen Biergarten können Einheimische und Hüttenbesucher den Feierabend einläuten, getreu dem saarländischen Wahlspruch: „Hauptsach‘ gudd gess!“

Gefillde

Kartoffelteig
2 kg Kartoffeln
Pfeffer, Salz nach Geschmack
4 Eier

Füllung
500 g Hackfleisch, gemischt
Maggi nach Geschmack
1 Stange Lauch
Dürrfleisch (geräucherter, durchwachsener Bauchspeck)

Specksoße
250 g Speck
200 ml Sahne
Salz

1 Dose/Glas Sauerkraut

Für die Kartoffelklöße die Kartoffeln schälen, reiben und auspressen. Mit Pfeffer und Salz würzen. Eier aufschlagen und dazugeben. Alles vermengen und auf Festigkeit achten.

Für die Füllung das Hackfleisch wie Frikadellen würzen – als Saarländer das hier sehr beliebte Maggi nicht vergessen.
Dann mit kleingeschnittenem Lauch und kleingewürfeltem Dürrfleisch gut anbraten. Masse abkühlen lassen.

Kartoffelteig portionsweise mit der Fleischmasse füllen und zu Klößen formen.

In heißem Wasser garen.

Für die Specksoße den Speck würfeln, in der Pfanne auslassen und mit Sahne zu einer Soße binden.
Evtl. mit Salz nachwürzen.

Dazu wird gekochtes Sauerkraut gegessen.

Gefillde, Gefillde Knepp oder Gefillde Klees sind mit Hackfleisch und anderen Zutaten gefüllte Kartoffelklöße. Das traditionelle – hochkalorische – Bergmannsessen aus dem Saarland ist auch in den angrenzenden rheinland-pfälzischen Gebieten beliebt. Kartoffeln werden im Saarland und in Teilen der Pfalz übrigens als „Grumbeere" (= Grundbeeren) bezeichnet, ferner in vielen anderen Gegenden in ähnlichen Varianten.

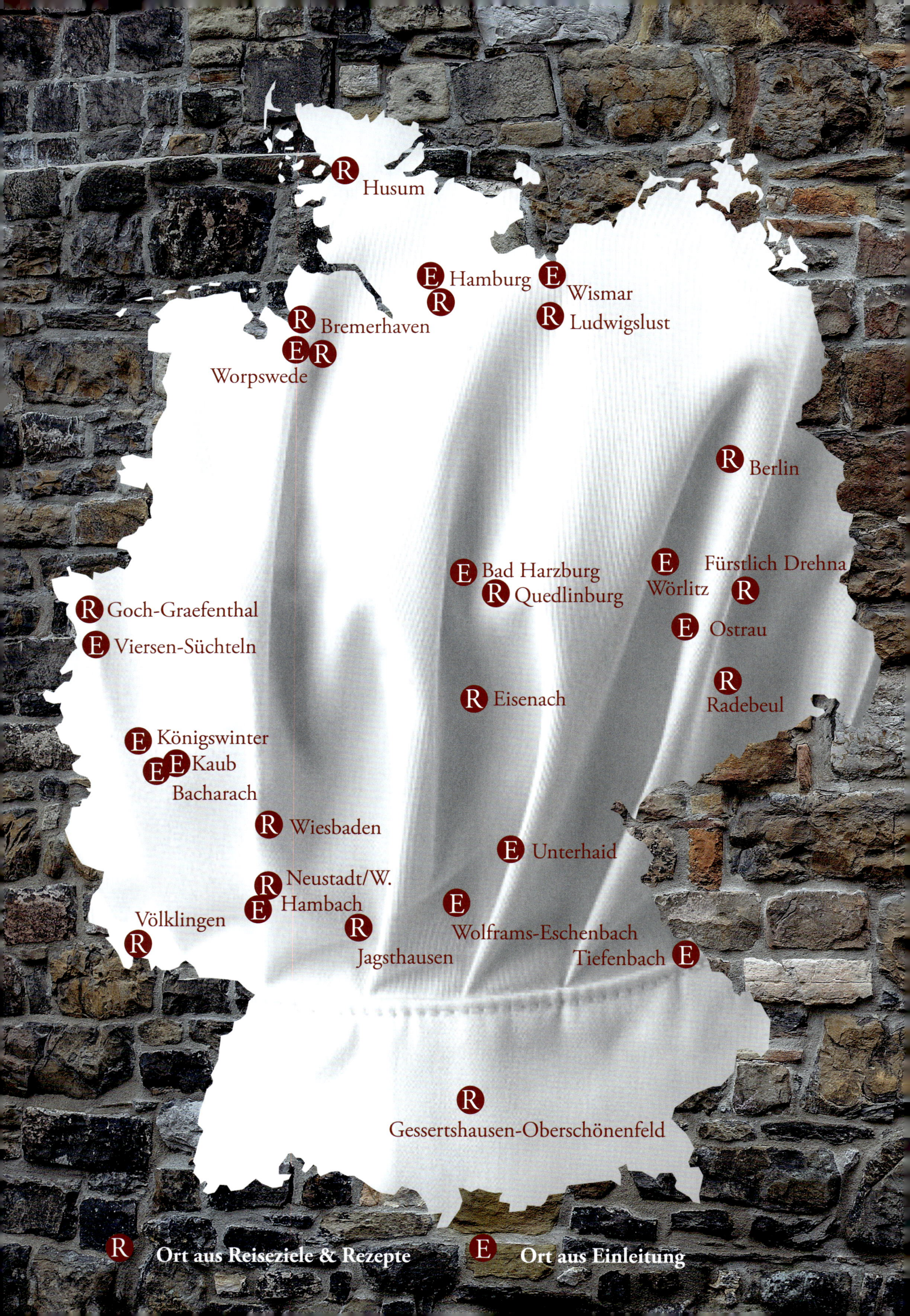
Husum
Hamburg
Wismar
Ludwigslust
Bremerhaven
Worpswede
Berlin
Bad Harzburg
Quedlinburg
Fürstlich Drehna
Wörlitz
Ostrau
Goch-Graefenthal
Viersen-Süchteln
Eisenach
Radebeul
Königswinter
Kaub
Bacharach
Wiesbaden
Unterhaid
Neustadt/W.
Hambach
Völklingen
Jagsthausen
Wolframs-Eschenbach
Tiefenbach
Gessertshausen-Oberschönenfeld
R Ort aus Reiseziele & Rezepte
E Ort aus Einleitung

Adressen

Untenstehend sind die Adressen der vorgestellten Restaurants und Sehenswürdigkeiten verzeichnet. Bei der Planung empfiehlt sich eine rechtzeitige Reservierung. Öffnungszeiten bitte im Vorfeld eines Besuchs überprüfen.

Baden-Württemberg

Rotes Schloss Jagsthausen
Restaurant & Gästehaus
Schlossstr. 17
74249 Jagsthausen
Tel. 07943 / 943765
www.rotesschloss.de
Küche: Mi–Sa ab 17 h, So 11.30–23 h

Schlosshotel Götzenburg
Schlossstr. 20
74249 Jagsthausen
Tel: 07943 / 94 36-0, Burgfestspiele 91 23 45
www.schlosshotel-goetzenburg.de

Bayern

Zisterzienserinnenabtei Oberschönenfeld
Tel. 0 82 38 / 96 25-0
www.abtei-oberschoenenfeld.de
Brotladen: Di–Fr 9.30–17 h, Sa 9.30 h–13 h
Klosterladen: Di–Sa 9.30–17 h, So 10–17 h

Klosterstüble Oberschönenfeld
Oberschönenfeld 1
86459 Gessertshausen
Tel. 08 238 / 37 30
www.klosterstueble-oberschoenenfeld.de
Di–So (April–Okt.) 10–21 h, Di–Do (Nov.–März) 11–18 h, Fr–So (Nov.–März) 11–21 h

Schwäbisches Volkskundemuseum
Tel. 0 82 38 / 96 25-0
www.schwaebisches-volkskundemuseum.de
Di–So 10–17 h

Hotel Restaurant Alte Vogtei
Hauptstr. 21
91639 Wolframs-Eschenbach
Tel.: 09875 / 968880
www.alte-vogtei-wolframs-eschenbach.de
Küche: Di–So 11.30–13.45 h, 17.30–21 h

Kelleranlagen Unterhaid
Weinbergstraße
96173 Unterhaid
Tel.: 09503/9223-0
im Sommer bei schönem Wetter tgl. ab 16 h

Russenbräu Hotel Gasthof
Irlacher Str. 2
93464 Tiefenbach
Tel. 09673 /91410-0
www.russenbraeu.de
Mo, Mi–So 17.30–21 h, Fr–So auch 11–14 h

Berlin

Stadtbad Oderberger Straße
Hotel Oderberger
Oderberger Str. 57
10435 Berlin (Prenzlauer Berg)
www.hotel-oderberger.berlin
Tel. 030 / 780 089 760
Kaminbar tgl. 17–1 h (Do Live Musik)
Restaurant Oderberger Di–Sa 17–24 h
Hallenbad 5 Tage/Woche (je nach Veranstaltungen)
7–22 h; Di ab 17 h kostenlose Führungen

Brandenburg

Gasthof zum Hirsch
Crinitzer Str. 2
15926 Fürstlich Drehna
Tel. 035324 / 7030
www.fuerstlichdrehna.de
Mi–Sa 11–22 h, So 11–18 h

Schlosshotel Fürstlich Drehna
Lindenplatz 8
15926 Fürstlich Drehna
Tel. 035324 / 3030
www.schloss-drehna.de
Restaurant TafelSPIZZ: Mo–Sa 17.30–23 h
Sa auch 12–14.30 h, So 12–14.30 h, 17.30–21 h

Bremen

Museumsschiff „Seute Deern"
Hans-Scharoun-Platz 1
27568 Bremerhaven
Tel. 0471 7 41 62 64
www.seutedeern.de
Restaurant: tgl. 11–15 h; 18–23 h

Deutsches Schiffahrtsmuseum
Institut der Leibniz-Gesellschaft
Hans-Scharoun-Platz 1
27568 Bremerhaven
Tel. 0471 / 48 20 70
www.dsm.museum
Sommersaison mo–so 10–18 h
Wintersaison: di–so 10–18 h
Schiffe im Museumshafen 1.4.–31.9. tgl. 10–18 h

Deutsches Auswandererhaus
Columbusstr. 65
27568 Bremerhaven
Tel. 0 471 / 90 22 0-0
www.dah-bremerhaven.de
März–Okt. tgl. 10–18 h
Nov.–Febr. tgl. 10–17 h

Hamburg

Riepenburger Mühle
Kirchwerder Mühlendamm 75a
21037 Hamburg-Kirchwerder
Tel. 04 / 720 89 50, 0172 / 18 18 522
www.riepenburger-muehle.com
April–Okt. Di, Do 14–18 h, jeden 1. So 13–17 h
Führungen an den Öffnungstagen sowie nach Terminvereinbarung

Riepenburger Mühlenladen, Café und Restaurant
März–Okt.: Do, Fr 14–19 h, Sa–So 12–19 h
Nov.–Febr.: Fr–So 14–18 h
kulinarische Zeitreise: 1. und 3. Fr, Sa im Monat
Fr 17–21, Sa 12–21 h
www.riepenburger-mühlenladen.de
040 / 735 07 395, 0172 / 18 18 522

Kunsthandwerkerei
(an der Riepenburger Mühle)
Tel. 040 / 88 30 11 18
www.kunsthandwerkerei.de
Laden: jeden 1. So im Monat 14–18 h

Hof Eggers mit Hofcafé
Kirchwerder Mühlendamm 5
21037 Hamburg-Kirchwerder
Tel.: 040 / 723 77 385
http://www.hof-eggers.de
Fr, Sa 12–18 h, So 10–18 h

Lieger Caesar
Lieger-Café des Nussknacker e. V.
Traditionsschiffhafen im Sandtorhafen
Ponton 6 (Am Sandtorkai 60/Magellan-Terrassen)
20457 Hamburg
Tel. 040 / 60 53 38 20
www.rollingtaste.de/location/hausboot-lieger-caesar/; Do, So 12–18 h; Fr, Sa 12–21 h

Hessen

Schloss Freudenberg
Erfahrungsfeld zur Entfaltung der Sinne und des Denkens
65201 Wiesbaden
Tel. 0611 / 41 101 41
www.schlossfreudenberg.de
Schlosscafé, NachtMahl, DunkelBar: Tel. 41 101 55
März–Okt. Di–Fr 9–17 h
(hessische Ferien auch Mo–Fr 10–18 h)
Sa, So 11–18 h
Nov.–Febr. Di–Fr 9–16 h, Sa, So 11–18 h
(hessische Ferien auch Mo–Fr 10–18 Uhr)

Mecklenburg-Vorpommern

Hotel de Weimar
Schlossstr. 15
19288 Ludwigslust
Tel. 03874 / 4 180
www.landhotel-de-weimar.de
Restaurant „Ambiente“: Mo–Sa 12–14 h, 18–21 h

Schloss Ludwigslust
Schlossfreiheit
19288 Ludwigslust
Tel. 03874 / 57 190
15.4.–14.10. Di–So 10–18 h
15.10.-14.4. Di–So 10–17 h

Stadtkirche
An der Stadtkirche
19288 Ludwigslust
April Di–Sa 11–12 h, 15 h–16 h
Mai–Sept. Di–Sa 11–17 h, So 12–17 h
Okt. Di–Sa 11–16 h, So 12–16 h
Führungen und Anmeldungen Tel. 03874 / 21968

Steaks & More zum Weinberg
Hinter dem Rathaus 3
23966 Wismar

Tel. 03841 / 22 77 0 66
www.steaks-n-more-wismar.de
Mo–So 11.30–22 h, Do–Sa bis Open End

Niedersachsen

Restaurant „Kaffee Worpswede"
Lindenallee 1
27726 Worpswede
Tel. 04792 / 1028
www.kaffee-worpswede.de
mi–so 11.30-21.30 h
Küche 11.30–14.15 h, 18–21.30 h
Kaffee & Kuchen bis 17.30 Uhr

Große Kunstschau Worpswede
Lindenallee 5
27726 Worpswede
Tel. 04792 / 1302
www.worpswede-museen.de
tgl. 10–17 h, Nov.–Anfang März außer Mo

Käseglocke Worpswede
Lindenallee 13
27726 Worpswede
Tel. 04792 / 950505 oder 1277
Di –So 11–17 h, Winter: 11 – 16 h (außer Jan.)
www.freunde-worpswedes.de
Führung mit Bewirtung auf Hoetger-Möbeln

Restaurant Worpsweder Bahnhof
Bahnhofstr. 17
27726 Worpswede
Tel. 04792 / 9878333
www.restaurant-worpsweder-bahnhof.de
Mi–Fr 11.3 h, 17.30–23 h, Sa, So 11.30–23 h

Café Winuwuk & Sonnenhof
Waldstr. 9
38667 Bad Harzburg
www.winuwuk.de
Tel.: 05 322 / 1459
Mi–So 11.30–18 h

Nordrhein-Westfalen

Kloster Graefenthal
Maasstr. 48–50
47574 Goch-Asperden
Tel. 02823 / 9288 780
www.kloster-graefenthal.de
Klostercafé 11–17 h und auf Anfrage
Gästeführungen mit Klostermahl buchbar über:
Tourist-Info Goch: Tel. 02823 / 320 148

Königsburg 2.0 e.V.
Film – Kunst – Theater
Hochstr. 13
41749 Viersen
Tel. 0 21 62 / 10 23 36
www.koenigsburg.org
Einlass 1 h vor Vorstellungsbeginn

Rheinland-Pfalz

Steinhäuser Hof
Hotel, Restaurant & mehr
Rathausstr. 6
67433 Neustadt/Weinstraße
Tel. 06321 /48 90 60; Bar: 48 200 20
www.steinhaeuserhof.de
Restaurant Urgestein, Urgestein Bar: Di–Sa ab 18 h

Ehem. Gasthaus zum Engel
Weinstr. 256
65582 Hambach
Information über: Weingut Mohr-Gutting
Tel. 06327 / 97520; www.mohr-gutting.de

Weinhaus Altes Haus
Oberstr. 61
55422 Bacharach
Tel. 06743 / 12 09
geöffnet Ostern–2. Advent
Küche: Do–Di 12–14.30 h, 18–21.30 h
Vespergerichte durchgehend

Blüchermuseum Kaub am Rhein
Metzgergasse 6
56349 Kaub
Tel. 0 67 74 / 400
www.bluechermuseum-kaub.de
April–Anfang Nov. Di–So 11–17 h

Saarland

Weltkulturerbe Völklinger Hütte
Rathausstr. 75–79
66302 Völklingen
Tel. 06898 / 9 100 100
www.voelklinger-huette.org
Sommer: tgl. 10–19 h; Winter: tgl. 10–18 h
(außer 24./25./31.12./ScienceCenter Ferrodrom®)
Café Umwalzer / Bistro B 40: Tel. 06898 / 914 455

Sachsen

Meinholdsches Turmhaus
Weingut Karl Friedrich Aust
Weinbergstr. 10
01445 Radebeul
Tel. 0351 / 8 93 90 100
www.weingut-aust.de
Restaurant Weinhaus Aust
Tel. 0351 / 8 33 87 50
Mi 17–20 h (kleine Speisekarte)
Do, Fr 17–22 h
Sa, So 12–22 h
Weinverkauf auch nach tel. Absprache

Sächsisches Weinbaumuseum
Stiftung Hoflößnitz
Knohllweg 37
01445 Radebeul
Tel.: 0351 / 839 83 33
www.hofloessnitz.de
Di–So 10–18 h

Gasthof „Zum Wilden Mann"
Rosa-Luxemburg-Platz 4
04749 Ostrau
Information: Verein Kulturdenkmal
Gasthof Wilder Mann e. V.
Tel. 03 43 24 / 21 552
www.wilder-mann-ostrau.de

Sachsen-Anhalt

Palais Salfeldt
Kornmarkt 5/6
06484 Quedlinburg
Tel. 03946 / 810050 , 0162 / 270 59 89 (Events & Congresse)
www.palaissalfeldt.de
Außenstelle der Deutschen Stiftung Denkmalschutz
Tel. 03946 / 81 00 30; Besichtigung der barocken
Räume: Mi 13–17 h, Do–So 11–17 h
Restaurant Theophano, Ferienwohnungen
Tel. 03946 / 52 66 01, 0152 / 22 75 28 77
www.restaurant-theophano.de
Di–Sa ab 18 h

Hist. Gasthof „Zum Eichenkranz"
Alter Wall 99
06785 Oranienbaum-Wörlitz
Wörlitz-Info: Tel. 03 49 05/ 3 10 09 oder 1 94 33
Tel. 034905 / 22 3 38

Schleswig-Holstein

Dragseth's Gasthof
Zingel 11
25813 Husum
Tel. 04841 / 77 999 5
www.dragseths-gasthof.de
Mo–So 11–14 h, ab 17 h
Hofgarten: So, Mo 11–15 h, Di–Sa 11–14, 17–22 h

Schiffahrtsmuseum Nordfriesland
Zingel 15
25813 Husum
Tel. 04841 / 5257
Mo–So 10–17 h

Hebben & Sien Nordfriesland
im „Stadthaus der Augusta"
Markt 1
25813 Husum
Di–Fr 11–18 h, Sa 11–16 h

Storm-Haus
Wasserreihe 31
25813 Husum
Tel.: 0481 / 80 386 30
April–Okt. Di–Fr 10–17 h, Sa 11–17 h, So, Mo
14–17 h; Nov.–März: Di, Do, Sa 14–17 h
www.storm-gesellschaft.de/museum

Thüringen

Wartburg
Auf der Wartburg 1, 99817 Eisenach
Tel.: 0 36 91 / 25 00
www.wartburg.de
Sommersaison: tgl. 8.30–17.30 h
Schließung des Burgtors 20 h
Anfang Nov.–März: Führungen: tgl. 9–15.30 h
letzter Einlass Museum und Lutherstube: tgl. 16 h
Besichtigung der Außenanlagen bis 17 h

Romantik Hotel Auf der Wartburg
Auf der Wartburg 2
99817 Eisenach
Tel. 0 36 91 / 79 70
www.wartburghotel.de
Küche: tgl. 12–17 h (als Gasthof für fröhliche
Leut), 18–21.30 h

Weiterführende Literatur in Auswahl

BERNHARD, CHRISTINE *Das Palais Salfeldt. Ein bürgerliches Barockpalais in Quedlinburg,* Bonn 2001

BOULBOULLÉ, GUIDO/MICHAEL ZEISS *Worpswede. Kulturgeschichte eines Künstlerdorfes,* Köln 1989

BRÄUER, UTA MARIA /JOST LEHNE *Bäderbau in Berlin. Architektonische Wasserwelten von 1800 bis heute,* Berlin 2013

BRUN, HARTMUT (Hg.) *„...die Überraschung aber ist das Städtchen." Ludwigslust. Ein Lesebuch,* Rostock 2001

DOMAGALA, ROSEMARIE *Morgenimbisz an des lantgraven hove... Gastlichkeit auf der Wartburg,* Eisenach 1994

DÜNTZER, HEINRICH *Karl Ludwig von Knebels Briefwechsel mit seiner Schwester Henriette. Ein Beitrag zur deutschen Hof- und Literaturgeschichte - Mecklenburg 1810-1813,* Jena 1858

FOEDE, PETRA *Wie Bismarck auf den Hering kam. Kulinarische Legenden,* Zürich 2009

FREYER, STEFANIE/KATRIN HORN/NICOLE GROCHOWINA (Hg.) *FrauenGestalten Weimar-Jena um 1800. Ein bio-bibliographisches Lexikon,* Heidelberg 2009

GATTINGER, KARL *Genuss mit Geschichte. Einkehr in bayerischen Denkmälern – Gasthöfe, Wirtshäuser und Weinstuben,* München [3]2010

GRAEFENTHAL *Ein Kloster der Zisterzienserinnen am Niederrhein,* hg. v. Landschaftsverband Rheinland, Neustadt/W. 2008

GREVENIG, MEINRAD (Hg.) *Die Röchlings und die Völklinger Hütte,* Ausstellungskatalog Völklingen 2014

GREVENIG, MEINRAD *Die Völklinger Hütte. 2000 fotografiert von Franz Mörscher,* Völklingen [3]2016

HELFRICHT, JÜRGEN *Kleines Radebeul-ABC,* Husum 2014

HOFFMANN, HANS CHRISTIAN/DIETMAR KELLER/KARIN THOMAS (Hg.) *Unser Weltkulturerbe. Kunst in Deutschland unter dem Schutz der UNESCO,* Köln 2001

HOWARD, JEREMY Houses for art lovers. A little bit of architecture in the life, pre-life and after-life of James Pitcairn Knowles, in: *Essays in Scots and English architectural history: a festschrift in honour of John Frew,* Donington 2009, S. 190–196

KRAUSS, JUTTA/ELISABETH CRETTAZ-STÜRZEL *Der Wappensaal im Wartburghotel von Bodo Ebhardt und Léo Schnug,* in: Burgenrenaissance im Historismus, hg. v. d. Wartburg-Gesellschaft zur Erforschung von Burgen und Schlössern in Verbindung mit dem Germanischen Nationalmuseum, München 2007, S. 49–59

LOKE, GABI/SIGRID SCHMOLKA/MARTINA RINGE/MATTHIAS METZNER *Wo Könige und Dichter tafelten... Der Reiseführer für Geist und Gaumen von Rügen bis zum Erzgebirge,* Wernigerode 1998

PFOTENHAUER, ANGELA *Quedlinburg Welterbe,* Bonn 2004

SCHENK, MATTHIAS *Katalog zum Erfahrungsfeld Freudenberg,* hg. v. Gesellschaft Natur & Kultur gemeinnütziger e. V., Wiesbaden [2]2010

SCHEURMANN, INGRID (Hg.) *ZeitSchichten. Erkennen und Erhalten – Denkmalpflege in Deutschland. Katalogbuch zur Ausstellung im Residenzschloss Dresden,* Berlin 2005

SCHOLTEN, ROBERT *Das Cistercienserinnen-Kloster Grafenthal oder Vallis comitis zu Asperden im Kreis Kleve,* Kleve 1899, ND Geldern 1984

SCHRÖDER, CARL Tagebuch des Erbprinzen Friedrich Ludwig von Meklenburg-Schwerin aus den Jahren 1811-1813, in: *Jahrbücher des Vereins für Mecklenburgische Geschichte und Altertumskunde 65,* 1900, S. 123–304

SPIEGEL, BEATE (Hg.) *Hier steht der Himmel offen. 800 Jahre Kloster Oberschönenfeld,* Augsburg 2011

VIERUS, DIETER *Frauen im Ränkespiel der Macht. Zur Geschichte von Mecklenburg,* Bd. 2, Rostock 2012

VOLLSTÄDT, SIMONE *Die Riepenburg und die Riepenburger Mühle,* Hamburg 1997

Ferner dienten Besuche vor Ort, Künstlermonographien, Kunstführer, die Bände des von Georg Dehio begründeten *Handbuchs der deutschen Kunstdenkmäler*, das Internet sowie Artikel der Monumente und der Monumente-Online als Grundlage für dieses Buch.

Rezeptregister

Rezeptregister thematisch

Vorspeisen

Hauptspeisen

Nachspeisen

Rezeptregister alphabetisch

Rezeptautoren

Die vorgestellten Gerichte stehen nur in wenigen Fällen ganzjährig auf der Speisekarte. Wir bitten um Ihr Verständnis, wenn Sie sie nicht unbedingt spontan bestellen können.

Klöster

Klostercafé Graefenthal Irma Hogendoorn
Klosterstüble Oberschönenfeld Michael Haupt

Burgen, Schlösser & Palais

Wartburghotel, Eisenach Annett Reinhardt
Rotes Schloss Jagsthausen Lukas Lobo
Restaurant Theophano im Palais Salfeldt, Quedlinburg Sebastian Vogel
Restaurant „Ambiente“ im Hotel de Weimar, Ludwigslust Wilfried Glania-Brachmann
NachtMahl im Schloss Freudenberg, Wiesbaden Dirk Balsa (1, 2), Peter Knerr (3)

Gast- und Bürgerhäuser

Restaurant Urgestein im Steinhäuser Hof, Neustadt/Weinstraße Hedi Rink
Gasthof zum Hirsch, Fürstlich Drehna Daniel Binde
Dragseth's Gasthof, Husum Tino Kaulbars
Weingut Karl Friedrich Aust im Meinholdschen Turmhaus, Radebeul Veit Endler
Restaurant Kaffee Worpswede Jens Kommerau

An und auf dem Wasser

Seute Deern, Bremerhaven Jens Schmidt
Hotel Oderberger, Berlin Matthias Schmidt

Technik & Industrie

Riepenburger Mühlencafé, Hamburg Andreas Gruß (1), Gudrun Cronauer (2)
Café Umwalzer, Völklinger Hütte Jürgen Rein

Dank

Unser Dank geht an alle Denkmaleigentümer, Mitarbeiter und Küchenchefs für die Unterstützung dieses Buchprojekts und für ihre Führungen.

Für Informationen bedanken wir uns bei Michael Urban (Förderverein Kloster Graefenthal e.V.); Petra Schall (Wartburg-Stiftung Eisenach, Archiv); Gabriele Vester, Heiko Schönefeld, Doris Sturmat (Palais Salfeldt); Sabine Pauligk, Heidrun Lüdtke (Untere Denkmalschutzbehörde Parchim-Ludwigslust); Brigitta Steinbruch (Landeshauptarchiv Schwerin); Manuela Ulrich (Stadtarchiv Ludwigslust); Esther Woldemariam (Frankfurter Goethe-Museum); Dr. Stefan Ulrich (Stadt Neustadt/Weinstraße); Elisabeth Mewaldt (Untere Denkmalschutzbehörde Husum); Bernd Reimann, Gelting; Elisabeth Aust, Radebeul; Bernd Lustig, Diedersdorf; Katharina Groth (Große Kunstschau Worpswede), Russell Barnes, Biloxi, Mississippi; Dr. Dirk J. Peters und Dr. Christian Ostersehlte (Deutsches Schifffahrtsmuseum Bremerhaven).
Ebenso danken wir den Fotografen und anderen Bildgebern für ihr Engagement sowie Petra Juling und Dr. Günter Lucas für die Korrektur des Manuskripts.

Bilderläuterungen

Cover Schloss Freudenberg in Wiesbaden
Coverrückseite Terrassensaal von Schloss Freudenberg mit Drehscheibe – Wer sie dreht, erlebt (s)ein bunten Wunder...
Frontispiz festlich gedeckter Tisch im Hotel de Weimar in Ludwigslust
Hinweise zu den Rezepten Küchenchef Matthias Schmidt vom Restaurant Oderberger in Berlin beim Zubereiten der Kalbsbäckchen für dieses Buch

Kloster Graefenthal
Hauptbild: Kreuzgang – Herzstück des damals bedeutendsten Klosters am Niederrhein
Collage: Walburga Schneider als Nonne (und unten rechts) • Nord- und Ostflügel der Klausur. Im 1771 umgebauten Ostflügel sind Steine aus der Römerzeit und der Ursprungszeit des Klosters verbaut. • Dachstuhl des Nordflügels von 1521 mit teilweise um 1407 gefällten Eichenbalken
Einzelbild: Kaminzimmer: 1521 wurde das Refektorium (Speiseaal) zweigeteilt – es entstand eine neue Küche mit Lastenaufzug zum Speicher.
Bildstreifen: Nonnenfiguren am Kreuzigungsrelief, um 1530, aus der Abteikirche Graefenthal, heute St. Vincentius-Kirche in Asperden

Kloster Oberschönenfeld
Hauptbild: Klosteranlage von Süden
Collage: Schwester Hedwig beim Johanniskrautpflücken • Klosterstüble-Wirt Michael Haupt und Restaurantleiter Alessandro Catalano präsentieren die Klosterforelle • Nonne im Obstgarten beim Äbtissinnensommerhaus • Schwester Maria beim Petersiliewiegen • Schwester Josefa mit Zwergkaninchen
Einzelbild: Biergarten des Klosterstübles mit mächtigen Kastanienbäumen
Bildstreifen: Nonne im Kreuzgang auf dem Weg in die Kirche

Wartburg, Eisenach
Hauptbild: Wartburg, ein deutsches „Nationaldenkmal“ und UNESCO-Welterbe
Collage: Wartburg und Wartburghotel (links) • Fachwerk an der Vogtei • Rosenwunder von 1854/55 von Moritz von Schwind • Küchenchefin Annett Reinhardt mit Dessert • Eselstreiberstübchen – Esel waren früher die Transportmittel für Lasten und seit 1900 für Kinder • Sonnenuntergang vom „Romantik Hotel auf der Wartburg“ aus • Lutherstube
Einzelbild: Wappensaal des Wartburghotels
Menükarte vom Abend des 20. April 1899, Wartburg-Stiftung Eisenach, Archiv
Bildstreifen: Messer aus dem Weidbesteck, der sog. „Plötze“ des Kurfürsten Friedrichs des Weisen, 1. Viertel 16. Jh., Wartburg-Stiftung Eisenach, Inv.Nr. KB 0001

Rotes Schloss, Jagsthausen
Das Rote Schloss mit schmucken barocken Giebelgauben und Familienwappen über dem Portal
Collage: Hauptgastraum in der früheren Remise; gläserne Schlossküche – Einladung zur nonverbalen Kommunikation zwischen Köchen und Gästen; Souschef Oguz Sahin und Küchenchef Lukáš Lobo; Pferdekopf-Skulptur über dem Restauranteingang
Einzelbild: Nebengastraum im früheren Pferdestall
Bildstreifen: Brunnenfigur des Götz von Berlichingen von Gunther Stilling (*1943) von 1999, vor dem Alten Rathaus

Palais Salfeldt, Quedlinburg
Hauptbild: Sandsteinfassade mit Zwerchhaus
Collage: Blick von der Türmerwohnung der Marktkirche auf den Kornmarkt 5/6 • Portalgriff mit Kinderköpfchen • Musikzimmer • Stuckdekor mit Zwergenkopf • Palais und früheres Wohnhaus Salfeldt mit Eingang zum Restaurant Theophano • Lampenschirme mit Monogramm Ottos II. und Theophanus von einer Quedlinburger Papierkünstlerin, vgl. Heiratsurkunde
Einzelbild: Im Speicher lagerten die Kornhändler vor Markttagen oder vor dem Weitertransport Säcke ein.
Bildstreifen: Theophanus Heiratsurkunde, 972, Handschrift, Staatsarchiv Wolfenbüttel, 6 Urk 11

Hotel de Weimar, Ludwigslust
Hauptbild: Restaurant Ambiente
Collage: Schloss Ludwigslust mit Wasserspiegelung • Gästeappartement I im Schloss mit Raubtierporträts von J.-B. Oudry und Büste des Naturforschers Comte de Buffon von J.-A. Houdon • Die de Weimar Stuben • Große Kaskade und Stadtkirche
Einzelbild: Fassade des Hotels de Weimar
Jacob Roux, Prinzessin Caroline von Sachsen-Weimar-Eisenach,1808, Pastell, Frankfurter Goethe-Haus, Inv.Nr. IV-1967-009 • Brief der Prinzessin Caroline an Goethe, Klassik Stiftung Weimar, Goethe- und Schiller-Archiv, RA 6, Nr. 502
Bildstreifen: Festtafel zu Ehren Carolines

Schloss Freudenberg, Wiesbaden
Hauptbild: Südseite mit Caféterrasse und eine von mehreren Sonnenuhren im Park

Collage: Duftorgel • Sphinx als Symbol der Nacht, Einlegearbeit, Bibliotheksdecke • bewusst „unfertige“ Ecke im SchlossCafé • Skulptur im Schlosssaal: oft Zeuge standesamtlicher Hochzeiten • Hexentopf: Wer bringt ihn durch Reiben der Griffe zum Klingen und sein Wasser zum Springen? • Klangbilder mit Tönen durch das Streichen des Cellobogens • Die umkippende Perspektive
Einzelbild: Das SchlossCafé im einstigen Speisesaal mit Küche am originalen Ort
Bildstreifen: optische Täuschungen und Kunst im Terrassensaal

Steinhäuser Hof, Neustadt/Weinstraße
Hauptbild: Westteil von 1576 (links) mit Standesamt, Trauzimmer und -saal, Rückgebäude mit Restaurant und Hotel sowie Erker des Ostteil von 1703 (rechts)
Collage: Gotisches Haus, das älteste Gebäude der Stadt, und Torhaus • Treppenturm und Torhausrückseite • Küchenchefin Hedi Rink und Commis de Cuisine Aura Câstea • Bar
Einzelbild: Terrasse und Gastraum des Restaurants Urgestein mit Platz für 24 Gäste
Bildstreifen: Speisetafel der Urgestein-Bar
Dessert: Hedi Rink und Amelie, die Tochter des Fotografen Marcus Scheuermann

Gasthof zum Hirsch, Fürstlich Drehna
Hauptbild: „Schiffs“-Festsaal für bis zu 130 Personen
Collage: Wirtshausausleger – Zeichen der Schildgerechtigkeit (Erlaubnis, Gäste zu beherbergen und warme Speisen anzubieten) • Historischer Gasthof • Bar des Schlosshotels unter spätgotischem Zellengewölbe • Schloss Fürstlich Drehna • 1.-Weltkriegs-Militaria von Großvater Binde
Einzelbild: Gaststube
Bildstreifen: Kanellierte Halbsäulen am Festsaal

Dragseth's Gasthof, Husum
Hauptbild: Gastwirtschaft mit nordischen Zargenfenstern (öffnen nach außen und werden durch Winddruck dichtschließend in die Zarge gedrückt)
Postkarte aus der Zeit um 1900 • „Schimmelreiter“-Spirituosen nach alten Rezepten • Biergarten, links die 1989 angebaute Küche aus Holz • Herrenhaus Markt 1 aus dem 16. Jahrhundert • gründerzeitlicher Kachelofen • Biergarten und einstige Pferde- und Wagenremise
Einzelbild: Gastraum mit Rückseite der einstigen Feuerstelle zum Kochen (rechts)
Bildstreifen: Kranzverzierung des Kachelofens

Meinholdsches Turmhaus, Radebeul
Hauptbild: barockes Turmhaus links und klassizistisches Haupthaus rechts
Collage: Weingut Karl Friedrich Aust am Fuß des „Goldener Wagens“ mit Hoflössnitz links, Bismarckturm mittig und Spitzturm rechts • barocker Sandsteinputto mit Wein „Genussmensch“ • Fortuna als Wetterfahne • Adrian Zingg (1734–1816), Meinholdsches Turmhaus, nach 1800, Zeichnung, Privatbesitz: Der Dachreiter war damals höher und das Haupthaus noch nicht gebaut. • K. F. Aust und Weinkönigin mit Kalebstraube vor dem Winzerzug
Einzelbild: Gartensaal: Den heutigen Ofen setzte man 2015 aus Kacheln zusammen, die man im Schuppen entdeckte. Derartige unglasierte Kacheln waren im späten 19. Jahrhundert beliebt.
Bildstreifen: Weinernte in Steillagen gemäß Austs Motto „Mit Hang zur Lebensfreude“

Kaffee Worpswede
Hauptbild: Eingang unter dem ausladenden Satteldach
Collage: Rückfront mit hohen Giebeln und tipiartigen Dachreitern • Jens Kommerau mit DSD Plakette • Hoetgers seit 1986/87 freigelegte abstrakte Deckengemälde • Bernhard Hoetger, „Licht“, sogenannter „Bonze des Humors“, 1914, Gussstein-Fassung einer Majolika aus dem buddhistisch inspirierten Zyklus „Licht- und Schattenseiten“ • Worpsweder Käseglocke von 1926: Museum für Worpsweder Kunsthandwerk, unter anderem mit Hoetger-Möbeln
Einzelbild: Hauptraum des Restaurants „Kaffee Worpswede“
Bildstreifen: Kachelofen im Restaurant mit von Hoetger entwickelter Keramikglasur

Museumsschiff Seute Deern, Bremerhaven
Hauptbild: Bremerhavens Wahrzeichen im Alten Hafen
Collage: Blick von der Aussichtsplattform Sail City auf die „Seute Deern“ • undatiertes Foto mit Ortsangabe Bremerhaven, um 1966 • Hauptspeiseraum des Restaurants „Seute Deern“ im einstigen Frachtraum • Kapitänskajüte, offizielle Außenstelle des Standesamts Bremerhaven • Messingschild der 1918 gegründeten Werft Gulfport Ship Building Company
Einzelbild: Salon für bis zu zehn Personen
Bildstreifen: im Kabelgatt, dem Lagerraum für Leinen, Drähte, Lampen, Werkzeuge etc.

Stadtbad Oderberger, Berlin
Hauptbild: Neorenaissance-Schwimmhalle mit

Kreuzgratgewölben aus dem damals neuen Baustoff Beton
Collage: Neorenaissancefassade, dahinter einst Empfangsräume, Badestuben und Wohnungen • frühere Badezellentür: eingebaut als Schiebetür in einem Hotelzimmer • 15 Meter hohes Restaurant auf drei Etagen im einstigen Heizkraftwerk • Erdgeschoss des Restaurants • neobarockes Portalrelief mit Meerjungfrauen und Berliner Bär • Messgeräte, Relikte des Kesselhauses
Einzelbild: Kaminzimmer – einst der „Warteraum für Frauen“ vor dem Duschen oder Baden
Bildstreifen: Neon-Leuchtschrift im Restaurant

Riepenburger Mühle, Hamburg

Hauptbild: Hamburgs größte und älteste Kornwindmühle, in den Vier- und Marschlanden
Collage: Axel Strunge, Riepenburger Müller in 27. Generation, am Sichter, der Siebmaschine, mit der das Mehl in einer Siebtrommel von der Kleie getrennt wird (Deutscher Mühlentag, Pfingstmontag 2016) • Öl der Riepenburger Ölmanufaktur • Mühlenladen • Ballonflaschen mit Rosengeist, Quitten- und Tresterbrand im Mühlenladen • Axel Strunge am Flügelwerk • frisch gemahlenes Roggen-Vollkornmehl
Einzelbild: Biedermeier-Sitzgruppe im Mühlencafé
Bildstreifen: Ende des 19. bis weit ins 20. Jahrhundert üblich: Küchenhexe (Stangenherd)

Völklinger Hütte

Hauptbild: Weltkulturerbe Völklinger Hütte bei Nacht (in der Installation „Licht – Lumière“ von Hans-Peter Kuhn)
Collage: Gebläsehalle mit den Gebläsemaschinen 9 und 10 • Café Umwalzer im Annex der Gasgebläsehalle von 1900: mit Rundbogenfenstern, Ochsenauge, Lisenen und Treppenfries im Giebel • soziale Fürsorge: Röchlingsche Milchküche, um 1910, zur Versorgung von Arbeiterbabys gegen die hohe Säuglingssterblichkeit • Multimedia-Installation „Feuer“• In der Trockengasreinigung • Paradies. Industriekultur. Natur. Kunst.
Einzelbild: Barbereich des Café Umwalzer
Bildstreifen: Sicherheitshelme für die Besucher

Deutschlandkarte

Mauerwerk des Aachener Rathauses

Die Autorin

Die Kunsthistorikerin Sonja Lucas M.A. ist der Deutschen Stiftung Denkmalschutz seit 2001 beruflich verbunden. Sie studierte Kunstgeschichte, Buch- und Bibliothekskunde, Geschichte und Pädagogik an den Universitäten in Erlangen, Bonn und ihrer Geburtsstadt Heidelberg, wo sie auch an Vorbereitung und Durchführung der Ausstellung „Liselotte von der Pfalz. Madame am Hofe des Sonnenkönigs“ im Schloss Heidelberg beteiligt war. Außerdem arbeitete sie als Studienreiseleiterin. Als Lektorin bei den Monumente Publikationen der Deutschen Stiftung Denkmalschutz in Bonn fungierte sie unter anderem als Herausgeberin und Mitautorin von *Sternstunden. Kulturgeschichte(n) zur Weihnachtszeit.* Seit 2011 ist sie freiberuflich als Autorin sowie Text- und Bildredakteurin tätig und lebt mit ihrer Familie in Aachen. 2016 erschien bei den Monumente Publikationen ihr Buch *Wege zur Weihnacht. Entdeckungen in Deutschlands Denkmalen.*

Bildnachweis

Baier, Rudolf Friedberg 22–29
Ballenthin, Sebastian Plattenburg/OT Krampfer 62, 64 unten, 65
Bildarchiv Monheim GmbH Krefeld 14 unten li., 15, 32 oben re. (alle Florian Monheim)
Böker & Mundry Werbeagentur GmbH Ansbach 7 li.
Deutsche Stiftung Denkmalschutz Bildarchiv 6, 8 oben Mitte, re., 8 unten li., 9 oben li., Mitte, 10 oben li. (H. Fischer) 108 Mitte re. (Schroeder)
Egner, Elmar Quedlinburg 56 unten re., 58, 60
Freies Deutsches Hochstift – Frankfurter Goethe-Museum 66 Mitte
Förster, Martin Radebeul 117, 118, 120, 122
getty images 126 oben re. (Peter Bischoff)
Gruß, Andreas Reinbek 108 Mitte li., 109, 110, 112, 126 oben li., 126 Mitte re., 128–132, 134 unten re., 136, 138, 152 oben re., 152 Mitte li., 152 Mitte re., 153, 154–157
HHLV Der Hausbootverein e. V. Hamburger Hafen Lieger Verbund 9 unten re.
Hotel Oderberger Berlin 140, 142 alle außer unten li., 143, 145, 147, 149
Klassik-Stiftung Weimar – Goethe- und Schiller-Archiv 66 Passepartout
Kloster Graefenthal 12
Königsburg 2.0 Viersen-Süchteln 9 oben re. (Bernd Hohnstock)
Kreis Nordfriesland – Fachdienst Kultur – Kreisarchiv Nordfriesland Husum 108 oben li.
Kulturdenkmal Gasthof Wilder Mann e. V. Ostrau 10 oben Mitte, re. (Kühnrich, Thorsten)
Kulturstiftung Dessau-Wörlitz Bildarchiv 8 re. (Heinz Fräßdorf)
Lorenz, Manuela Quedlinburg 56 oben re.
Lucas, Sonja Aachen 7 Mi., 7 re., 9 unten li., 100 oben li., 100 oben re., 108 oben re., 109 Mitte li., 109 Mitte re., 111, 113, 126 unten re., 134 oben li., 142 unten li., 160 oben re.
mauritius images 32 oben li. (imageBROKER / hwo), 32 Mitte re. (Birgit Gierth), 51, 53 (image-Broker / Caroline Kreutzer), 106 (Peter Lehner), 115 (image/BROKER / Gabriele Hanke), 150 (Bildagentur Hamburg / Christian Ohde)
modular – Agentur für integrierte Kommunikation oHG Stuttgart 46
Niedersächisches Landesarchiv – Staatsarchiv Wolfenbüttel 59, 61
Petersen, Gudrun Aachen 2, 11, 32 Mitte Mi., 34, 36, 38, 40, 42, 44, 64 re., 68–75, 144, 146, 148
picture alliance 116 unten, 119, 121, 123 (ZB, Martin Förster, Radebeul), 126 unten li. (DUMONT Bildarchiv, Michael Marczok), 134 (arkivi), 152 oben li., unten re. (dpa / Bodo Marks) unten li. (dpa / Annette Luckey), 137, 139 (dpa / Scholz)
Preiss, Marie-Luise Deutsche Stiftung Denkmalschutz 32 Mitte li.
Radecke, Rosi Quedlinburg 56 oben li., 56 Mitte li., 56 Mitte re., 56 unten li., 57
Restaurant Kaffee Worpswede 127
Restaurant Seute Deern 134 Mitte, 134 unten links, 135
Rössler, Max Jagsthausen 48 oben re., 48 Mitte, 50, 52
Rossner, Roland Deutsche Stiftung Denkmalschutz 8 oben li., 8 unten Mitte, 54, 124
Saarstahl AG Völklingen Historisches Archiv 160 Mitte li.
Schloss Freudenberg Wiesbaden 68 unten li.
Schlosshotel Fürstlich Drehna 100 Mitte li., 100 unten li. (Yvonne Langner)
Scheuermann, Marcus Köln 86, 88 oben li., 88 Mitte re., 88 unten, 89–97
Seus, Saja – Hochzeitsfotografie Bad Homburg 48 oben li., 48 unten, 49
Siebigs, Pit Aachen 3, 4, 76, 78 alle außer unten li., 80–86, 164
Stadt Goch 14 oben li., 14 oben re., 14 unten re., 16–21 (alle Silke Schmitz)
Stadt Ludwigslust 64 oben li., 64 Mitte li. (Sylvia Wegener)
Steinigk, Adrian Crivitz 98, 99 unten re., 101, 102–105
Strauch, Silke Deutsche Stiftung Denkmalschutz 9 Mitte
Tourist-Information Neustadt an der Weinstraße 88 oben re. (Rolf Schädler)
Wartburg-Stiftung Eisenach Fotothek 31, 32 unten re., 37, 39, 41, 43, 45
Wartburghotel 32 unten li., 33
Weingut Karl Friedrich Aust Radebeul 116 Mitte li., 116 Mitte, 116 re., 117
Weltkulturerbe Völklinger Hütte 158 (Gerhard Kassner), 160 oben li. (Franz Mörscher), 160 Mitte re. (Oliver Juchelka), 160 unten li. (Tom Gundelwein), 160 unten re., 161–163 (Karl Heinrich Veith)
Werner-Hohensee, Jonas Mainz Cover, Coverrückseite

DEUTSCHE STIFTUNG
DENKMALSCHUTZ

Wir bauen auf Kultur.

Schirmherr
Bundespräsident Frank-Walter Steinmeier

Stiftungsratsvorsitzender
Prof. Dr. Jörg Haspel

Vorstand
Stephan Hansen, Dr. Steffen Skudelny

Sitz der Stiftung
Schlegelstraße 1, 53113 Bonn,
Tel. 0228 9091-0 Fax 0228 9091-109

Die Deutsche Stiftung Denkmalschutz ist die größte private Initiative für Denkmalpflege in Deutschland. Sie setzt sich seit 1985 kreativ, fachlich fundiert und unabhängig für den Erhalt bedrohter Baudenkmale ein. Ihr ganzheitlicher Ansatz ist einzigartig und reicht von der Notfall-Rettung gefährdeter Denkmale, pädagogischen Schul- und Jugendprogrammen bis hin zur bundesweiten Aktion »Tag des offenen Denkmals«. Rund 400 Projekte fördert die Stiftung jährlich, vor allem dank der aktiven Mithilfe und Spenden von über 200.000 Förderern. Insgesamt konnte die Deutsche Stiftung Denkmalschutz bereits rund 5.000 Denkmale mit mehr als einer halben Milliarde Euro in ganz Deutschland unterstützen. Doch immer noch sind zahlreiche einzigartige Baudenkmale in Deutschland akut bedroht.

Wir bauen auf Kultur – machen Sie mit!
Mehr Informationen auf www.denkmalschutz.de

Spendenkonto:
IBAN: DE71 500 400 500 400 500 400
BIC: COBA DEFF XXX
Commerzbank AG

Gestaltung und Satz
Pit Siebigs, Aachen, www.pitsiebigs.com

Herstellung/Druck
DZA Druckerei zu Altenburg GmbH, 04600 Altenburg

Autorin, Konzept, Bildredaktion
Sonja Lucas

Impressum

1. Auflage 2018
Monumente Publikationen
Verlag der Deutschen Stiftung Denkmalschutz
Schlegelstr. 1, 53113 Bonn
Tel. 0228 9091-300
www.denkmalschutz.de
www.monumente-shop.de
shop@monumente.de

Die Deutsche Nationalbibliothek verzeichnet dieses Buch in der Deutschen Nationalbibliografie.
Detaillierte bibliografische Informationen über diese Publikation sind abrufbar unter http://dnb.d-nb.de.

ISBN 978-3-86795-134-0